MÉTODO AUTHENTICITY

HUGO HERNÁNDEZ
@hugo_atraccioninterpersonal

MÉTODO AUTHENTICITY

El único método científico para dominar el arte de la seducción

ALFAGUARA

Papel certificado por el Forest Stewardship Council®

Primera edición: mayo de 2024

Printed in Spain – Impreso en España

ISBN: 978-84-19688-12-5
Depósito legal: B-5.962-2024

Compuesto en Punktokomo, S. L.
Impreso en Limpergraf, S. L.
Barberà del Vallès (Barcelona)

AL 88125

Sé tú mismo, los demás puestos están ocupados.

OSCAR WILDE

Método Authenticity

●●● PRÓLOGO

Mi nombre es Hugo, soy psicólogo experto en atracción interpersonal y en las próximas páginas voy a darte las claves para tomar las riendas de tus relaciones afectivo-sexuales.

Mi objetivo al escribir este libro no es ofrecerte un arsenal de técnicas de seducción infalibles. No creo en eso. Mi propósito es generar un cambio mucho más profundo, modificando el lugar desde el que te relacionas con los demás, especialmente con las personas que te atraen.

Mi principal interés es ayudarte a que te conviertas en el o la protagonista de tu propia vida, ni más ni menos. Quiero darte las herramientas para que seas capaz de hacer que las cosas sucedan.

Cuántas veces habremos visto una película en la que el personaje principal encuentra a esa persona que tanto le atrae y nos hemos tirado de los pelos al ver que era incapaz de tomar la iniciativa y acercarse a hablar con ella. «¡Pero, vamos, hombre! ¡Si no tienes nada que perder!», le gritamos a la pantalla del televisor.

Como espectadores, entendemos perfectamente qué acciones y decisiones pueden conducirle a construir la mejor historia. La historia que queremos ver. La historia que se merece.

Sin embargo, en la vida real tendemos a cometer los mismos errores (e incluso peores), y esto nos condena a revivir las mismas frustraciones en el terreno afectivo-sexual. Somos presa de los mismos temores, vergüenzas y ansiedades. Una y otra vez.

Nos quedamos en blanco sin saber qué decir; permitimos que el miedo al rechazo nos paralice por completo; vemos estancarse nuestras relaciones por falta de asertividad e iniciativa; dejamos pasar decenas de oportunidades porque no sabemos cómo iniciar una conversación; nos percatamos de que, una vez más, somos nosotros los que vamos detrás de la otra persona…

Conozco a muy poca gente que esté realmente satisfecha con su capacidad para relacionarse con quien le atrae.

Y lo cierto es que no me extraña en absoluto. Porque la mayoría de las personas se han desentendido de esta área y se han convertido en meros espectadores de su vida afectivo-sexual.

La elección de pareja es una de las decisiones más importantes en la vida, pues tiene la capacidad de aportarnos una gran calma, satisfacción y estabilidad. O todo lo contrario. Por eso considero que es una temeridad eludir nuestra responsabilidad en este aspecto.

Salud, amor y dinero. En ese orden. Esas son las tres áreas más importantes en la vida de cualquier persona. En lo que a la salud y el dinero se refiere, todos entendemos que nuestros resultados dependen directamente de nuestro empeño y esfuerzo. Pasamos cantidad de años estudiando y otros tantos perfeccionando nuestras destrezas para poder prosperar profesionalmente. Invertimos horas y más horas haciendo ejercicio físico y nos esmeramos en afianzar unos hábitos nutricionales saludables para cuidar de nuestra salud y mejorar nuestra condición física.

¿Alguien me explica por qué con las relaciones no ocurre lo mismo?

¿Por qué pensamos que el amor es algo que no se busca, sino que simplemente llega?

¿Qué clase de pensamiento mágico-místico-pirulético-chupiguay es este?

Lo siento, pero, por mucho que le llames, el destino comunica. Se ha debido de olvidar de nosotros. O puede que se haya quedado sin cobertura. Sea como sea, habrá que intentarlo de otra manera. ¿Qué te parece si apostamos por trabajar nuestras competencias intra e interpersonales? Ya sabes, cosas como la autoestima, el autoconocimiento, la inteligencia emocional, las habilidades sociales o el cambio de creencias.

También puedes cultivar tu fe y tu paciencia, no te digo yo que no. Puedes quedarte esperando a que alguien te elija y se acerque a ligar contigo. Aunque, claro, ya no estarías eligiendo tú. También puedes aguardar a que don Johnnie Walker haga efecto y te ayude a reunir el coraje que se esconde en el fondo de cualquier cubata. O esperar a que Cupido, mejor conocido como Tinder, te plante a la persona adecuada frente a tus narices. ¿Por qué no cruzar los dedos y confiar en que el azar acabará trayéndote a la persona indicada? Claro que puedes.

Pero, en ese caso, me temo que este libro no es para ti. Porque lo que este libro pretende es convertir espectadores pasivos en protagonistas. Ofrecerte el conocimiento y las herramientas que necesitas para enterrar tus bloqueos y tomar el control de tus relaciones afectivo-sexuales, de manera que puedas escribir tu propia historia. La historia que quieres vivir. **La historia que te mereces.**

●●● INTRODUCCIÓN AL MÉTODO AUTHENTICITY

«El amor no tiene cura, pero es la única cura para todos los males», aseguraba Leonard Cohen. Quizá exagerara un poco con esta afirmación, pero lo cierto es que tampoco iba muy desencaminado.

Una vida afectivo-sexual satisfactoria tiene un gran impacto sobre nuestro bienestar general. Para empezar, mejora nuestra salud psicológica; reduce el riesgo de enfermedad mental al actuar como un factor de protección frente a trastornos como la fobia social, la depresión, las drogodependencias, el estrés y las disfunciones sexuales. También protege nuestra salud física al rebajar nuestros niveles de cortisol y, consecuentemente, reduce el riesgo de experimentar problemas inmunológicos, gastrointestinales, dermatológicos, cardiovasculares y metabólicos.

Y eso por no hablar de las consecuencias emocionales que se derivan de experimentar problemas en esta área. La timidez, la vergüenza, la impotencia, el sentimiento de inferioridad, de inadecuación o de insuficiencia, el miedo al rechazo, la desesperanza, la ansiedad, la angustia, la frustración, la soledad... ¿Es cosa mía o esto no es plato de buen gusto para nadie?

Quizá Cohen estaba al corriente de todas las consecuencias (psicológicas, físicas y emocionales) negativas que trae consigo tener una vida afectivo-sexual insatisfactoria, o quizá no. No lo podemos saber. Sin embargo, lo cierto es que estas relaciones son un pilar fundamental de nuestras vidas y no nos podemos permitir el lujo de descuidarlas.

Desafortunadamente, en la actualidad existe mucha confusión en torno a este tema, lo cual fomenta el deterioro de esta esfera de nuestras vidas. La irrupción de la era digital ha transformado por completo el entorno social en el que vivimos y ha afectado profundamente nuestra manera de interactuar los unos con los otros. Las redes sociales se han convertido en un magnífico altavoz que, en manos de gurús y mentores sin ningún tipo de formación académica, favorecen la difusión y la proliferación de mitos y clichés pseudocientíficos.

En la era de la información, estamos más desinformados que nunca.

A pesar de que ya hace más de sesenta años que la literatura científica comenzó a estudiar la atracción interpersonal en el ser humano, seguimos arrastrando creencias prehistóricas y anacrónicas sobre su funcionamiento. Y es un lastre del que debemos liberarnos cuanto antes.

En este sentido, el objetivo de estas páginas es acercarte el conocimiento empírico y las herramientas psicológicas necesarias para que seas capaz de tomar las riendas de tus relaciones afectivo-sexuales. Mi propósito es frenar la propagación de la pseudociencia, poner orden entre tanto barullo y conseguir la divulgación necesaria para proporcionarte una mejor comprensión de este tema.

La evidencia científica respalda de manera consistente que el éxito afectivo-sexual lo vertebran **tres pilares** y que, si se trabajan adecuadamente, los resultados no tardan en llegar.

En primer lugar, nuestras **creencias** influencian la manera en que entendemos la seducción y en que nos percibimos a nosotros mismos. Cuanto mejor comprendamos las bases psicológicas de la atracción y cuanto mejor trabajada esté nuestra autoestima, mayor será nuestro carisma y más facilidad tendremos para generar atracción en los demás.

Luego, la **competencia social** determina nuestra capacidad para interactuar con las personas que nos atraen. Cuanto mayor sea nuestro repertorio de habilidades sociales, más capaces seremos de desenvolvernos con soltura en nuestras interacciones, y también de tomar la iniciativa para que nuestras relaciones avancen en la dirección deseada.

Por último, la **gestión de la ansiedad** es crucial a la hora de eliminar los bloqueos y las parálisis típicas del proceso de seducción. Al superar los temores, los nervios y las inseguridades que suelen aparecer cuando interactuamos con una persona que nos atrae, seremos capaces de relacionarnos desde la confianza y nos liberaremos del miedo al rechazo.

A partir de estos tres pilares se gesta el **Método Authenticity**: el único método científico para dominar el arte de la seducción y alcanzar la plenitud afectivo-sexual.

Ya son más de dos mil personas las que han aplicado con éxito este sistema. No puedo contarte las historias de todas y cada una de ellas, pero sí algunas, en las que he cambiado los nombres para mantener la confidencialidad.

Por ejemplo, la de Leonardo, un ingeniero informático de treinta y un años que acudió a mí con una petición muy específica: estaba completamente pillado por una compañera de clase de baile y quería conquistarla costase lo que costase. La había idealizado por completo y era incapaz de mostrarle su interés. Mantenían una relación cordial, pero él se cohibía muchísimo cada vez que interactuaban, lo que alteraba por completo su comportamiento y transformaba su identidad.

Era evidente que la idealización de su compañera estaba provocada por su falta de autoestima. Leonardo había puesto en un pedestal a esa chica porque la veía completamente fuera de su alcance. No se consideraba un hombre atractivo y eso le llevaba a pensar que ella jugaba en otra liga.

El plan de acción giró en torno a tres objetivos muy concretos:

1. **Reforzar su autoestima**: lograr que fuera capaz de reconocer sus atractivos personales y que superara el complejo de inferioridad que tenía con respecto a las mujeres que de verdad le atraían.

2. **Cambio de mentalidad**: eliminar la idealización y deshacerse de la necesidad de gustarle a toda costa para poder disfrutar así de sus interacciones con ella. En lugar de gustarle a ella, el objetivo era gustarse a sí mismo delante de ella.

3. **Desarrollo de habilidades sociales**: adquirir la destreza para coquetear, generar tensión sexual y tomar la iniciativa.

Como se puede comprobar, para disgusto (inicial) de Leonardo, ninguno de los objetivos propuestos guardaba relación directa con conseguir gustarle a su compañera de baile. Todo lo contrario, de hecho: necesitaba romper con la idealización y renunciar a esa meta en particular si deseaba que su vida afectivo-sexual prosperara.

El trabajo en autoestima fue clave para conseguir que Leonardo dejara de verse fuera de la liga de las mujeres que le atraían y empezara a verlas como iguales. Tomó conciencia de sus propios atractivos, cualidades y valores, lo cual le permitió interactuar con confianza con su compañera de baile (y con el resto de las personas de su entorno). Poco a poco, le fue perdiendo el miedo al rechazo y venció los bloqueos e inseguridades que le impedían tomar la iniciativa, mostrar interés y flirtear.

Tras seguir el Método Authenticity, la manera de relacionarse de Leonardo cambió por completo, y eso hizo que llamara la atención de su compañera de baile y facilitó que iniciaran una relación que, siete años después, sigue evolucionando satisfactoriamente.

Otro ejemplo es el de Alanna, directiva en una importante multinacional. Tras quince años de casada, se divorció (a los cuarenta y cuatro) y permaneció soltera cuatro años, tiempo en el que descubrió que su vida afectivo-sexual se hallaba en un punto muerto y que, una y otra vez, repetía los mismos patrones de relación.

En la exploración inicial, se detectó que Alanna experimentaba mucha ansiedad cada vez que iniciaba una relación. Enseguida sentía una profunda dependencia emocional que la llevaba a experimentar mucha angustia cada vez que notaba una falta de implicación por la otra parte.

Cuando estaba cara a cara en una cita todo solía ir bien; sin embargo, los problemas aparecían a partir del momento en que se despedían y se separaban. Sentía que no le escribían con suficiente frecuencia, que siempre le correspondía a ella proponer planes y, en definitiva, que era ella quien daba más en todas sus relaciones. Se mostraba recelosa de expresar sus necesidades por miedo a ahuyentar a la otra persona, pero, al mismo tiempo, sufría constantemente por esa sensación de abandono.

Alanna tenía un estilo de apego ansioso, y esto la llevaba a engancharse a hombres que no estaban emocionalmente disponibles y a sentir la necesidad de luchar por la relación para validarse a sí misma. «Si consigo que este chico que es inaccesible me quiera, habré logrado lo que nadie más ha conseguido y significará que soy valiosa», parecía ser su lema.

Los objetivos con Alanna estaban claros:
1. **Fortalecer su autoestima**: dejar de intentar validarse a través del afecto masculino. Era especialmente relevante profundizar en el autoconocimiento para entenderse mejor a sí misma e identificar el tipo de hombre con el que podía llegar a construir una relación sólida.
2. **Cambio de mentalidad**: romper con la creencia de que para ser feliz hace falta encontrar pareja, para dejar así de enamorarse del potencial de una relación y ser capaz de ver realmente a la persona que tenía delante.

3. **Desarrollar la inteligencia emocional**: mejorar la capacidad para gestionar sus estados emocionales, de manera que la ansiedad, la angustia y la necesidad dejasen de estar presentes en todas sus relaciones.

4. **Entrenar la asertividad**: aprender a expresar sus opiniones, deseos y emociones dentro del seno de una relación, dejando atrás el miedo al abandono y permitiendo que la otra persona comprenda sus necesidades.

Pasado un tiempo, Alanna dejó de sentirse atraída por hombres que no deseaban comprometerse y empezó a fijarse en aquellos que realmente eran compatibles con ella. La soltería se transformó en un lugar seguro del que ya no necesitaba huir, lo cual le permitió empezar a citarse sin ansiedad y sin hacer sobreesfuerzos por sacar adelante la relación. Dejó de perseguir la validación masculina y empezó a expresar sus necesidades emocionales desde la calma, lo cual le permitía evaluar con precisión si el chico que estaba conociendo era capaz de satisfacerlas.

Otro caso es el de Lucas, un empresario de treinta y ocho años al que nunca se le habían dado bien las mujeres. Durante años había estado centrado en hacer crecer su empresa y había dejado de lado sus relaciones afectivo-sexuales hasta descuidarlas casi en su totalidad. Tras lograr un éxito económico considerable, se dio cuenta de que el dinero no lo es todo y decidió buscar otros estímulos en su vida. Por eso se puso en nuestras manos.

Tras la primera exploración, descubrimos que Lucas experimentaba tanta ansiedad cuando interactuaba con una mujer que le atraía que evitaba hacerlo casi por completo. Esto le provocaba una profunda impotencia y cierto sentimiento de inferioridad con respecto a otros hombres que sí eran capaces de tomar la iniciativa.

Aunque había tenido alguna relación a lo largo de su vida, siempre había dependido de que alguna chica se fijara en él, y estaba harto de eso. Quería ser capaz de elegir en lugar de ser elegido.

Los objetivos con Lucas eran los siguientes:

1. **Reducir los niveles de ansiedad**: era necesario romper el ciclo de evitación que provocaba que Lucas rehuyese las interacciones con las

mujeres que le atraían. Para eso, era fundamental elaborar un plan de acción que le permitiera comenzar a relacionarse con ellas. El plan establecía una serie de retos progresivos, estratégicamente diseñados y secuenciados para garantizar que la exposición se hiciera de manera gradual, de modo que sus niveles de ansiedad fueran remitiendo poco a poco.

2. **Mejorar las habilidades sociales aplicadas a la seducción**: entrenar habilidades como el inicio y el mantenimiento de conversaciones, el coqueteo, el lenguaje no verbal y la capacidad para tomar la iniciativa.

Una vez finalizado el proceso, Lucas era perfectamente capaz de iniciar conversaciones con mujeres que le resultaban atractivas (aunque no se conocieran previamente) y de tomar la iniciativa adecuadamente. Consiguió sentirse seguro de sus competencias interpersonales, de manera que podía mostrarse tal como es y comunicar su interés con confianza. Hoy en día se siente libre, valiente y atractivo, al verse capaz por primera vez en su vida de ser él quien elige y quien inicia el contacto.

Terminamos este recuento de casos con Mel, una abogada de cuarenta y un años con una impecable trayectoria profesional. Una vez más, nos encontramos con una persona que se había enfocado por completo en su progresión laboral y había evitado que su vida amorosa supusiera una distracción. Sin embargo, se acabó dando cuenta de que su insatisfacción en este aspecto de su vida repercutía negativamente en su bienestar emocional, lo cual a su vez entorpecía su desempeño profesional.

Mel presentaba cierta aversión a establecer intimidad afectiva debido a algunas experiencias negativas del pasado. Esas vivencias traumáticas le generaron una gran inestabilidad emocional y temía volver a perder el control.

También tenía ciertas inseguridades con respecto a su atractivo, dado que, aunque no dudaba de su físico, consideraba que poseía un «temperamento masculino» que le había granjeado grandes amistades y le había permitido ganarse el respeto de sus compañeros de profesión, pero parecía estar dificultando que mostrasen interés en ella como mujer.

Además, era una mujer extremadamente exigente, con estándares de pareja demasiado elevados, lo cual le dificultaba encontrar hombres que la atrajesen de verdad.

Los objetivos que nos marcamos con Mel fueron estos:

1. **Reestructuración de creencias**: debido a ciertas informaciones que circulan por las redes sociales, Mel pensaba que el hecho de tener un carácter resolutivo y decidido provocaba que los hombres se sintieran intimidados y, por lo tanto, no mostrasen interés por ella. Sin embargo, el verdadero problema era que no sabía coquetear y tendía a relacionarse de una manera excesivamente fría y racional, y esto provocaba que los hombres no percibieran su interés y ni siquiera lo intentasen.

2. **Desarrollar la inteligencia emocional**: los traumas del pasado habían provocado que tuviera miedo a abrirse emocionalmente y a hacerse vulnerable. Era fundamental que la dotásemos de herramientas emocionales que le permitieran gestionar sus inseguridades y la capacitaran para afrontar adecuadamente los desengaños amorosos. Y es que un pájaro posado en un árbol nunca tiene miedo de que la rama se rompa, dado que su confianza no está en la rama sino en sus alas.

3. **Mejorar las habilidades sociales aplicadas a la seducción**: entrenamos con ella habilidades como el inicio y el mantenimiento de conversaciones, el sentido del humor, el coqueteo, el lenguaje no verbal y la capacidad para tomar la iniciativa.

Al finalizar con la metodología, Mel se sentía lo suficientemente fuerte como para abrirse a nuevas relaciones. Ya no la atormentaban los fantasmas del pasado y se veía a sí misma con los recursos necesarios para reactivar su vida sentimental. Sus elevadísimos estándares resultaron no ser más que un mecanismo de defensa para no exponerse a nuevas relaciones, una excusa para evitar volver a sufrir. Ahora entiende que la única manera de dar con la persona adecuada para ella es dejando de aspirar a la perfección y dándose permiso para conocer a los hombres que llaman su atención.

Al mismo tiempo, se ha dado cuenta de que no necesita alterar su identidad para gustar. No necesita mostrarse frágil, dulce e insegura para llamar la atención. Los hombres que la atraen no buscan eso en una mujer. Por el contrario, ahora sabe cómo interactuar de una manera más desenfadada y cercana, sabe insinuar su interés y generar tensión sexual, y es capaz de tomar la iniciativa cuando es preciso.

Estos son solo algunos de los casos que se han podido beneficiar de la metodología y han logrado tomar el control de su vida afectivo-sexual. Y, al igual que ellos, tú también puedes lograrlo.

Pero también es cierto que **el Método Authenticity no es para todo el mundo**. Si crees que tu atractivo depende del grosor de tu cartera, de tu definición abdominal, de tus dotes interpretativas o de técnicas mágicas de seducción, me temo que este sistema no es lo que buscas.

Si, por el contrario, compartes conmigo la idea de que tu atractivo está directamente relacionado con tu autoestima, tu resiliencia ante el rechazo, tu sistema de creencias, tu gestión emocional, tus habilidades sociales y tu capacidad para relacionarte desde la autenticidad, el Método Authenticity puede darte el empujón que necesitas.

Hay una frase que me encanta: «**Atraemos lo que proyectamos**». Si basas tu atractivo en tu aspecto, te rodearás de personas interesadas en tu forma física (suerte al cumplir años). Si basas tu atractivo en bienes materiales, te rodearás de personas interesadas en tu dinero.

Y, si basas tu atractivo en la autenticidad, atraerás a personas que te valoran por tu forma de ser.

Distintas estrategias, distintos resultados.

Sin duda, mi recomendación es que concentres tus esfuerzos en trabajar los tres pilares que acabamos de ver y en los que vamos a profundizar a lo largo de este libro. Y no solo porque la ciencia haya demostrado que es lo más efectivo, que también.

Entre nosotros, yo también he podido comprobar en mis propias carnes que esta es la única manera de alcanzar la satisfacción en el plano afectivo-sexual. Y es que sí, yo también he experimentado grandes dificultades a la hora de ligar. A ver si piensas que me dedico a lo que me dedico por casualidad. Qué va, yo he sido el primero en sufrir estos problemas y sus consecuencias.

Déjame que te cuente mi historia personal para entender mejor el origen del Método Authenticity.

De padres no me puedo quejar, vaya eso por delante. No son perfectos, pero cuando yo era pequeño me dieron el amor, la atención y la protección que todo niño necesita. Quizá en exceso... Me explico. Creo que mis padres me sobreprotegieron un poquito más de la cuenta y, al no tener hermanos mayores que me hicieran espabilar, me convertí en un niño un poco ingenuo. Me faltaba calle, vaya.

Esto se hizo patente cuando llegué al colegio y me di cuenta de que el resto de los niños eran mucho más avispados que yo. Recuerdo una vez que otro niño me dijo: «Le voy a romper las piernas a tu madre». En efecto, los niños pueden ser un pelín macabros. Me quedé completamente impactado al oír aquel comentario. Para que te hagas una idea, yo ni siquiera sabía que una pierna se podía romper y mucho menos si aquel niño era capaz de cumplir su amenaza.

Este es solo un ejemplo, pero la idea es que yo todavía no poseía las destrezas ni la picaresca para desenvolverme y adaptarme a este nuevo ambiente. Por supuesto, eso provocó que me situara inmediatamente en el bando de los impopulares y, para quien no lo sepa, este colectivo es completamente invisible a los ojos de las chicas.

Durante años fui el empollón, el de las buenas notas. El que tocaba el piano pero no sabía darle una patada a un balón. De hecho, hablando de tocar el piano, recuerdo una anécdota que puede servir para reflejar cuál era mi relación con las chicas que por aquel entonces me gustaban.

Había una niña de clase que me gustaba mucho. Calculo que tendríamos unos diez años, más o menos. El caso es que la profesora de Música nos pidió que nos preparáramos «Raindrops Keep Falling on my Head» al piano para tocarla juntos en la fiesta de fin de curso. Me puse supercontento porque eso suponía que tendríamos que pasar tiempo el uno con el otro ensayando la canción y eso podría facilitar que ella se fijara en mí. Iluso...

Tiempo juntos sí que pasamos, eso es cierto, pero yo era prácticamente incapaz de dirigirle la palabra. Me costaba mirarla a la cara. Mi timidez y el miedo al rechazo me paralizaban por completo. Hasta que un día, harto ya de llevar en secreto mis sentimientos por ella, me armé de valor y le entregué una carta a su mejor amiga para que se la diera a ella. Todavía recuerdo los nervios.

Siento comunicarte que esta historia, como tantas otras, no tiene un final feliz. De hecho, poco a poco la frustración iba creciendo y me iba sintiendo peor conmigo mismo. ¿Qué fallaba dentro de mí? ¿Qué tenían otros que yo no tuviera? ¿Qué podía hacer para atraer a las chicas que me gustaban?

Pero si algo me ha caracterizado en la vida es que no me rindo fácilmente. Probé todas las estrategias que se me ocurrieron para poder atraer a las chicas que me gustaban. Y empecé, cómo no, con un clásico donde los haya.

La hipótesis del chico bueno

La estrategia es simple y cuenta con el aval de Disney. Si eres generoso, atento y servicial con la persona que te atrae, esta se acabará dando cuenta de que eres el indicado. No hay fallo. Solo tienes que esperar el tiempo suficiente y luego declarar tu amor por ella para que caiga rendida a tus pies.

Bueno, obviamente no tardé en darme cuenta de que esta forma de ligar no funcionaba en absoluto. Y tiene sentido. Si te empiezas a comportar como su mejor amigo, pero eres incapaz de demostrar que tu interés por ella va más allá de la amistad, no conseguirás avanzar, ya que la otra persona no es adivina. Lógicamente, supondrá que ha encontrado en ti una gran amistad, pero nada más.

Y, claro, cuando te declares la sorpresa será monumental. La otra persona se cuestionará entonces la naturaleza de tus intenciones y se sentirá completamente engañada. Por supuesto, es muy probable que no te corresponda, ya que solo te veía como un amigo, y que, además, empiece a desconfiar de ti.

La hipótesis del pibón

Vale, entonces toca ponerse en forma. Ahí está la clave. Al fin y al cabo, si se me marcan los abdominales, ¿quién va a ser la guapa que me diga que no?

Pues al gimnasio se ha dicho. Con dieciséis años empecé a entrenar en serio, y, aunque está mal que yo lo diga, me puse como un queso. No pongo foto porque no procede, pero os lo resumo: 3MENDO CAÑÓN. Así que el plan iba sobre ruedas. Ahora solo había que esperar a que fueran ellas las que se me acercaran. Y esperé. Vaya si esperé.

A ver, lo cierto es que cuando te pones en forma llamas más la atención y atraes más miradas, esto es así. Pero eso seguía sin resolver la cuestión principal, y es que, en el cara a cara, cuando estaba delante de una chica que realmente me gustaba, me ponía demasiado nervioso y no sabía cómo tomar la iniciativa. Tenía que complementar mi aspecto físico con algo más.

La hipótesis del chico malo

De acuerdo, vamos a tomar nota. ¿Qué hacen los chicos populares que yo no haga? Juegan al fútbol; de acuerdo, me apunto a un equipo. Salen de fiesta; vale, pues empezamos a salir de fiesta. Fuman; pues nada, a destrozar mi salud se ha dicho. Personalidad ante todo, claro que sí.

Acabé cogiendo bastante afición por el fútbol, pero lo cierto es que ni la fiesta ni el tabaco me han llegado a gustar nunca. Y, por lo visto, tampoco me hacían más atractivo. Al parecer, mis inseguridades y mi incapacidad para tomar la iniciativa seguían ahí, intactas.

Se me acababan las opciones y mi creatividad ya no daba para mucho más. Pero, «afortunadamente», con diecinueve años llegó a mis manos el manual de seducción definitivo. El libro que escondía todos los secretos para comprender la mente de las mujeres y hackearla a tu antojo: *El Método*.

La hipótesis del macho alfa

Había llegado la hora de ponerse serios con el tema. Empecé a devorar manuales de seducción y a extraer las perlas que se escondían entre sus páginas. Nunca había leído algo con tanto interés. Entendí por fin que existen frases mágicas que, si las memorizas bien y las reproduces como un loro, derriten a cualquier mujer. Comprendí que la seducción es un juego de roles, en el que la apariencia es lo único que importa, por lo que debes aprender a representar tu papel. Aprendí que la mejor manera de perderle el miedo a una mujer es despreciándola y viéndola como un objeto sexual, cuyo valor reside únicamente en su físico. Me quedó claro: las mujeres necesitan a alguien que las lidere y yo iba a ser ese alguien.

Me avergüenzo de cada minuto que pasé leyendo este tipo de literatura. Y no fueron pocos, precisamente. Pero, Hugo, ¿a quién le importan tus valores? ¿Conseguiste ligar o no?

Pues lo cierto es que sí, pero no precisamente por la sarta de paridas que introduje en mi cerebro.

Comencé a ligar algo más porque conseguí lanzarme y tomar la iniciativa por primera vez en mi vida.

Y es que, al contar con el respaldo de un método supuestamente infalible, logré reunir el coraje para salir al terreno de juego. Y, claro, eso en sí mismo ya representaba un avance frente a la parálisis absoluta que venía experimentando hasta ese momento.

Sin embargo, no me sentía en absoluto atractivo. Todo lo contrario, me sentía un impostor interpretando un personaje y tratando de ahogar mi verdadera identidad. Tenía que medir cada palabra, cada gesto y cada mueca para poder transmitir la sensación de que estaba de vuelta de todo y que me había pasado el juego de la vida. Porque, por lo visto, nunca se trató de ser una persona segura de sí misma, solo tenía que aparentarlo. No disfrutaba, era incapaz de improvisar y mi cerebro echaba humo calculando cada movimiento de manera estratégica para conseguir gustar.

Alfil a E5. Tiembla, Magnus Carlsen.

Eso por no hablar del resentimiento implícito (y muchas veces también explícito) que este tipo de manuales muestran hacia la mujer, degradándola a la categoría de animal irracional cuyo valor está directamente relacionado con la talla de su sujetador. Llámame loco, pero me cuesta ver cómo la deshumanización y el rencor hacia el sexo femenino me podían ayudar a construir relaciones satisfactorias y duraderas. Pero a lo mejor ese no era el propósito de aquellos textos, precisamente. A lo mejor todo termina en la cama y, claro, el fin justifica los medios.

Una vez más, no había logrado mi objetivo. Si para ligar es necesario despreciar a la mujer, sacrificar tu identidad (y con ello tu autoestima) y resignarte a aceptar que la seducción es un proceso tortuoso, incómodo y artificial, entonces lo siento, no me interesa.

Por mucho que hubiera conseguido ligar algo más que de costumbre, seguía sintiéndome inseguro cuando interactuaba con chicas que me resultaban atractivas, seguía albergando un sentimiento de insuficiencia con respecto a ellas y seguía teniendo la sensación de que realmente yo no era un tío atractivo.

La verdad es que mi esperanza se había agotado por completo. Soy una persona persistente, sí, pero, si pasan los años, pruebas todo tipo de estrategias y nada te funciona realmente, ya solo te queda tirar la toalla y reconocer la derrota.

«Quizá el atractivo es algo con lo que se nace —pensaba para mis adentros—. Quizá, como ocurre con el color de los ojos o las facciones del rostro, es algo que está determinado genéticamente y simplemente hay que aceptar lo que te toca». Y en esas estaba yo, un poco más derrotista de la cuenta, lo reconozco, cuando, de pronto, algo hizo clic en mi mente.

Por aquel entonces ya había comenzado el grado de Psicología en la Universidad del País Vasco, y una de las ideas que más se refuerzan en esta carrera es que, cuando trabajas con la salud de las personas, es vital operar desde el rigor científico. Y, como ya hemos visto, la esfera afectivo-sexual está íntimamente ligada a nuestra salud psicológica, emocional y física.

El caso es que me hice una pregunta que cambió mi vida (y espero que la tuya también un poco): «¿Hay estudios científicos sobre la atracción interpersonal en el ser humano y las habilidades afectivo-sexuales?». Porque no tenía mucho sentido haber estudiado tan en profundidad el ritual de cortejo del pavo real y que se nos hubiera olvidado investigar el nuestro propio.

Y, efectivamente, había cientos de artículos al respecto. Y recuperé la ilusión, con más ímpetu si cabe que las veces anteriores. Aquel hallazgo hizo que redoblara mis esfuerzos por comprender y dominar el arte de la seducción. O, más bien, la ciencia de la seducción. Comencé a recopilar, leer y analizar los artículos científicos que versaban sobre estos temas, empezando por los más antiguos para llegar, poco a poco, a los más actuales.

Esta revisión bibliográfica me llevó más de cinco años, poca broma. De hecho, hice el trabajo de fin de grado sobre el funcionamiento del cortejo humano y culminé mi investigación con el trabajo de fin de máster, lo que dio lugar a la primera versión del Método Authenticity.

Tuve la suerte de poder implementar esta primera versión del programa con un grupo de alumnos de primero de carrera en la Universidad Complutense de Madrid. Con excelentes resultados, he de decir. De hecho, fueron tan satisfactorios que mis profesores del máster me invitaron a presentarlos en distintos congresos científicos de psicología.

Quizá influyó el que alguno quisiera aprender a ligar. Nunca lo sabremos.

El caso es que lo había conseguido. AL FIN. Este método cambió mi forma de relacionarme con las chicas que me resultaban atractivas. Empecé a sentirme seguro interactuando con ellas y me liberé por completo de esa sensación de insuficiencia. Comencé a ser capaz de comunicarme con fluidez, confianza y sentido del humor, sin incómodos guiones y elaboradas estrategias que encorsetaran mi comportamiento. Aprendí a mostrar mi interés con aplomo y a tomar la iniciativa con soltura.

Fui capaz de ser yo mismo y gustar por lo que soy. Me sentí, ahora sí, atractivo de verdad.

Y, qué quieres que te diga, después de tantas penalidades, creo que me lo merezco.

En realidad, creo que todos y todas nos lo debemos. He estado en el otro lado y sé bien lo que se siente al no tener tu vida afectivo-sexual bajo control. Y, aunque ha sido un camino largo, difícil y bastante frustrante en muchas ocasiones, lo cierto es que haber tomado las riendas de mis relaciones afectivo-sexuales es, hoy en día, el logro del que más me enorgullezco y que más paz ha traído a mi vida.

Por eso decidí compartir el Método Authenticity con todo aquel que quiera mejorar sus relaciones afectivo-sexuales. Porque, si le puedo ahorrar a alguien todas las frustraciones, errores y tropiezos que yo he experimentado, habrá merecido la pena. Han sido años de prueba y error, de investigar el tema y pulir el sistema.

Hay quien puede encontrar lamentable o patético el hecho de tener que aprender a ligar y se niegan a buscar ayuda, aunque la necesiten. Pero, como no creo en la reencarnación y pienso que vida solo hay una, me parece mucho más deprimente que nos resignemos a arrastrar problemas en esta área hasta el fin de nuestros días.

Y créeme, ya he escuchado todas las excusas habidas y por haber, que al final solo provocan que tus problemas afectivo-sexuales se cronifiquen: «Soy demasiado mayor para aprender estas cosas», «la seducción es una habilidad innata, yo jamás podría aprender a hacerlo», «el amor es algo que debemos dejar en manos del destino», «pedir ayuda psicológica es de débiles», y un largo y penoso etcétera.

Lo siento, pero no. Da igual la edad que tengas, he trabajado con personas de quince a sesenta y cinco años y todas tienen la capacidad de resolver este problema.

La seducción es una habilidad social como otra cualquiera. Como hablar en público, por ejemplo. Con la guía adecuada y entrenamiento, se aprende, no hay más.

Pero, claro, la plenitud afectivo-sexual no la traen los Reyes Magos, requiere de un esfuerzo y un trabajo por nuestra parte. Buscar ayuda para resolver este tipo de problemas, al menos en mi opinión, no refleja debilidad, sino fortaleza y amor propio. Lo realmente triste no es tener que aprender a ligar, sino llegar a los ochenta años sin haber podido disfrutar de nuestras relaciones afectivo-sexuales.

Y, con esto en mente, creo que ahora sí ha llegado la hora de desentrañar los entresijos del Método Authenticity.

El Método Authenticity es un programa terapéutico que, empleando técnicas probadas de la psicología clínica y utilizando como base el conocimiento científico sobre la atracción interpersonal, tiene como objetivo el desarrollo de las habilidades intra e interpersonales necesarias para un correcto desarrollo afectivo-sexual.

Personalmente, lo que más me gusta de él es que, como su propio nombre indica, pone la autenticidad en el núcleo del proceso. Se aleja de aquellas perspectivas pseudocientíficas de la seducción que te invitan a transformarte en alguien que no eres para poder gustar y que te enseñan técnicas manipulativas para someter la voluntad de la gente.

En su lugar, nos encontramos con un acercamiento mucho más humano, ético e igualitario, que permite construir relaciones que son más saludables, satisfactorias y duraderas. Pero, antes de poder ver todo esto en profundidad, necesitamos conocer ciertos conceptos fundamentales sobre la seducción, sobre nuestra sociedad y sobre nosotros mismos. Será todo un viaje, pero merece la pena.

Vamos allá.

●●●

La seducción es una habilidad
social como otra cualquiera.
Como hablar en público, por
ejemplo. Con la guía adecuada
y entrenamiento, se aprende,
no hay más.

●●●

Si basas tu atractivo en la
autenticidad, atraerás a
personas que te valoran
por tu forma de ser.

Capítulo 1

QUÉ ES LA SEDUCCIÓN

●●●

Vamos a hacer referencia una y otra vez al concepto de **seducción**, por lo que es pertinente dejar establecido de entrada qué es. Y, aunque en un principio pudiera parecerlo, no es una tarea fácil.

«Seducimos valiéndonos de mentiras y pretendemos ser amados por nosotros mismos», decía el dramaturgo francés Paul Géraldy. Uno de los mayores seductores de la historia, Giacomo Casanova, nos dejaba esta interesante perla: «Yo no conquisto, sucumbo». Tampoco podemos dejar atrás esta reflexión de Simone de Beauvoir: «Entre dos individuos, la armonía nunca viene dada, sino que debe conquistarse indefinidamente».

¿Y la RAE? ¿Qué tiene que decir la Real Academia de la Lengua al respecto? Pues su principal definición es: «Persuadir a alguien con argucias o halagos para algo, frecuentemente malo». Muy interesante. Y también muy parecido a lo que ya hemos visto que decía Géraldy.

¿Está entonces la seducción irremediablemente asociada con las mentiras y el interés propio? ¿O es algo más bien relacionado con un beneficio común? Como ves, estas definiciones tienen un alto grado de contenido y matices. Deben ser analizadas con más calma, y por eso mismo volveremos a ellas más adelante.

En este punto, tienes que ser consciente antes que nada de que esto de comprender la seducción es todo un viaje. Para ir paso a paso y no liarnos demasiado con tanta definición, te propongo que empecemos haciendo el ejercicio inverso: **qué NO es la seducción**.

●●●

● LAS VISIONES PREDOMINANTES DE LA SEDUCCIÓN

Tenemos un problema. Mejor dicho, tenemos DOS problemas. Esto no te lo digo con intención de alarmarte. Solo quiero que sepas que, en nuestro camino por desentrañar qué es la seducción, nos encontramos con inconvenientes que juegan en nuestra contra. Son esencialmente dos, lo que tal vez no parece demasiado. Por desgracia, están asentados con tanta fuerza en nuestra sociedad y en el imaginario colectivo que es casi imposible librarnos de ellos.

Se trata de la **conquista romántica**, que se corresponde con una visión clásica del amor y de lo que debería ser el proceso de cortejo, y de la **conquista estratégica**, nombre que le vamos a dar a ciertas corrientes que ven la seducción como una especie de batalla en la que hay que vencer a toda costa. Ambas, por desgracia, están muy extendidas hoy en día.

Tanto la conquista romántica como la conquista estratégica son dos formas equivocadas y perjudiciales de comprender la seducción, cada una por sus propios motivos. Vamos a explicarlo examinándolas con calma y por separado.

LA CONQUISTA ROMÁNTICA. EL AMOR ES ETERNO... MIENTRAS DURA

Esta visión de la seducción está tan presente por todos lados que no necesita presentación. Nos la encontramos en películas, series, canciones, videojuegos, cómics, la mitología, el arte, la publicidad, las noticias, los clásicos... Sus valores (y formas de seducción) incluyen elementos como la perseverancia, la entrega absoluta, la idolatría, la fusión, la desaparición de límites, el sacrificio o el abandono absoluto de uno mismo. Todo con tal de alcanzar la meta final, aquello tan sumamente preciado que es el amor.

Esta visión se viene repitiendo una y otra vez desde hace tanto tiempo que, como sociedad, la hemos asimilado y naturalizado.

La sentimos como real y verdadera. Pero no, no lo es en absoluto.

De hecho, si nos ponemos a analizar una a una estas prácticas seductoras, estos gestos románticos tan normalizados por nuestra sociedad, llegamos a vislumbrar lo extrañas, chocantes e incluso retorcidas que son. ¿No me crees? Voy a ponerte algunos ejemplos.

El que la sigue la consigue

¿Te gusta alguien y no te corresponde? ¿Has intentado que se fije en ti o incluso le has pedido que salga contigo y nada? Pues, según esta forma de verlo, eso es debido a que no te has esforzado lo suficiente. Es decir, la opinión de la persona que te ha rechazado no importa, eso es lo de menos. Lo que de verdad vale es tu esfuerzo, ya que estar con la persona deseada es algo que está en tu mano. La meritocracia aplicada a la seducción, básicamente.

En ficción tenemos multitud de ejemplos de este fenómeno. En una gran parte de ellos, la insistencia consigue sortear todas las dificultades y termina con la pareja feliz por los siglos de los siglos.

Aunque lo tengamos muy normalizado, se trata de algo tremendamente grave. Y es que te sitúa como el único responsable del éxito de la interacción, negando el papel de la otra parte.

Su opinión y punto de vista pasa a ser algo accesorio, mutable, poco importante. Si no te quiere es porque se equivoca y solo tienes que continuar esforzándote hasta que caiga en su error. Al fin y al cabo, ¿qué sabrá la otra persona sobre sus preferencias?

Esto es algo que se vio con mucho humor y la clásica buena dosis de sarcasmo marca de la casa (al menos en las primeras temporadas) en *Los Simpson*. En el episodio 15 de la cuarta temporada («I love Lisa»), Ralph se enamora de Lisa porque malinterpreta una postal amorosa de San Valentín que ella le dio por pena (nadie le dejó ninguna al pobre Ralph). Sin embargo, cuando él muestra un exceso de interés por Lisa, ella, con todos los motivos del mundo, le rechaza.

Contrariado, Ralph va a preguntarle a su padre, el jefe Wiggum, si tiene algún consejo amoroso y este, ufano, le responde mientras casca nueces con la culata de su revólver: «Hijo, tanto si quieres conseguir una chica como cascar una nuez, la clave está en la persistencia. Sigue y sigue sin perder la paciencia».

Justo después de decir eso, y al ver que una nuez se resiste a sus golpes, procede a pegarle un tiro, dejando el consiguiente agujero en la mesa. «Espero que las demás hayáis aprendido la lección», grita a las otras nueces que esperan su turno en el bol. Un as en esto de la seducción, el jefe Wiggum. No cabe duda.

Otro ejemplo nos llega de la mano de la saga *Shrek*. En la primera película, cuando están rescatando a Fiona, la dragona que protege el castillo se enamora perdidamente de Asno. Este, un poco intimidado (cosa de los colmillos, la diferencia de tonelaje y el hecho de echar fuego por la boca, imagino), le dice que tiene que respetar su espacio personal. Sin embargo, la resistencia de Asno no es para siempre, ya que la dragona consigue su objetivo con una buena dosis de persistencia (el que la sigue la consigue, ya se sabe). Al menos es algo divertido por tratarse de personajes de animación y tratarse de un burro y una dragona. Sería algo mucho más espeluznante si, qué sé yo, por ejemplo, se tratara del presidente de una federación deportiva muy importante con una jugadora mientras celebran la victoria de un mundial.

Pero no todo está perdido. En 2002, el grupo de bachata Aventura (junto con Romeo Santos) rompió las pistas de baile y las radios con «Obsesión». El título ya es bastante esclarecedor: se trata de la historia de un chico que va literalmente persiguiendo a una chica (que tiene novio) convencido de que él es justo lo que ella necesita. Ella, con bastante buen criterio, le dice que nanay con unas palabras que ya han pasado a la posteridad en todo el mundo hispanohablante: «No, no es amor, lo que tú sientes se llama obsesión».

Reconócelo, ahora mismo la estás escuchando en tu cabeza.

Entrega absoluta

El amor es lo más importante que te pueda ocurrir en la vida. Es la meta definitiva. Si lo alcanzas, no hay nada que se le pueda comparar. Por eso mismo, si la conquista requiere de una serie de sacrificios, pues no se hable más, se hacen y punto.

Y va más allá, ya que hay todo un cheque en blanco para estos sacrificios. No se trata solo de perder algo o de dejar alguna cosa de lado, qué va. Nos encontramos con comportamientos que van desde alterar tu personalidad, fingir gustos o aficiones, hasta ocultar tus valores e ideología para resultar más atractivos. En definitiva, perder la esencia de lo que nos hace ser quienes somos.

No sé, Rick, parece falso.

Tenemos un buen ejemplo de entrega absoluta en *La sirenita*. Las versiones de Disney (sobre todo la de 1990) también tienen de esto, pero voy a centrarme en el cuento original de Hans Christian Andersen, que es de donde parte la idea. En la narración, tras salvar al príncipe de un naufragio, la sirenita se enamora locamente de él. Tanto que será capaz de hacer lo que sea por conquistar su corazón. Y cuando digo lo que sea es **LO QUE SEA**.

Ella, que es una princesa de los océanos y tiene dones maravillosos (entre ellos una voz mágica y una longevidad de más de 300 años), renuncia a todo por amor. No solo eso, sino que acepta un dolor inimaginable al beber la pócima que la convertirá en humana y que jamás le permitirá regresar a su hogar (donde, por cierto, es muy feliz). De este modo, a cada paso que dé con sus nuevas piernas, sentirá como si caminase descalza sobre cuchillas afiladas. Pero la cosa no acaba aquí, ya que, si no logra conquistar al príncipe, no obtendrá un alma humana y morirá con el corazón roto para finalmente convertirse en espuma de mar. Un planazo, vamos.

Esta actitud coloca inmediatamente a la persona que hace los sacrificios por debajo, en actitud de subordinación. Se convierte en alguien inferior, al servicio del otro, sin voluntad. O, mejor dicho, con la única voluntad de ser correspondida, y de este modo abandona cosas muy importantes que la hacían ser quien era. Ha perdido categoría, por así decirlo. Y eso es totalmente contraproducente en un proceso de seducción, en el que ambos participantes deben estar al mismo nivel.

Por otro lado, a poco que lo pensemos,

si al tratar de seducir a alguien, dejamos de ser nosotros mismos para poder atraerle, ¿cuánto tiempo podrá durar esa farsa? ¿Cuánto tiempo seremos capaces de aguantar con esa máscara?

No sé cómo lo verás, pero me parece la estrategia menos constructiva y más abocada al fracaso de la historia.

Los ídolos no salen con sus fans

Todavía no hemos tocado uno de los pilares de la conquista romántica. Este es la **idealización**. Tal vez te suene de algo.

En efecto, uno de los efectos colaterales de este tipo de conquista es idealizar a la persona amada. De pronto, nos hallamos ante la persona más lista, virtuosa, bella, bondadosa, atenta y talentosa que ha habitado el planeta. Casualidades de la vida. Por supuesto, cada uno de sus atributos está especialmente diseñado para hacerla única, irremplazable e irrepetible. Incluso aquellas características que en cualquier otra persona, momento y circunstancia te pondrían de los nervios, ahora no hacen más que remarcar su unicidad.

Es, simplemente, perfecta y, por algún motivo que se te escapa, es algo que hasta ahora ha pasado desapercibido para el resto del mundo. Pero cuando has idealizado a alguien no caes en esos detalles. No caes en nada porque, en general, no piensas con claridad; así que cómo vas a plantearte la gran casualidad que representa haber encontrado, entre las más de ocho mil millones que hay sobre la faz de la Tierra, a la persona más especial que existe. Al revés, piensas que es algo para lo que estabas predestinado, que estaba escrito en algún sitio y ahora, por fin, se ha cumplido. Porque el amor es así, mágico. Buf.

Como ya te puedes imaginar, la idealización conlleva efectos muy negativos. Primero, porque nadie es perfecto, te pongas como te pongas. Le gente es falible y precisamente eso es algo que nos hace humanos. **Cuando ideali-**

zamos a alguien le estamos arrebatando el derecho a fallar. Por lo tanto, ya no es solo un problema de apreciación por nuestra parte, sino que es injusto hacia la otra persona. Nadie se merece la pesada carga de ser considerado infalible.

El segundo efecto negativo tiene que ver con el hecho de que la idealización está muy relacionada con la idolatría, que es ese «fenómeno fan» que se experimenta sobre todo con personas famosas. Tradicionalmente venía ocurriendo con cantantes, actores, deportistas y modelos, y hoy en día se les han sumado streamers, youtubers, instagramers y tiktokers. Vamos a dejarlo en *celebrities*, para entendernos.

Lo más habitual es que desconozcamos por completo a estas personas, y que tan solo sepamos de ellas aspectos de su actividad profesional, lo que nos cuentan los medios o lo que ellos mismos suben a redes sociales. Y esa distorsión es la que nos conduce a verlas como semidivinas e inalcanzables. No es que todo lo hagan bien, sino que constantemente las rodea un halo de éxito, sensualidad y excelencia que las coloca muy por encima de los mortales. Y al resto solo nos queda postrarnos y maravillarnos ante su grandeza.

Las relaciones entre personas normales e ídolos siempre serán muy desiguales precisamente porque proceden de esa idealización. Esta crea una jerarquía en la que salimos perdiendo y que nos incapacita para la seducción.

Cuando colocamos a la otra persona en un pedestal, le damos a entender que no consideramos que estemos a su altura. A su lado, somos pigmeos.

Aquí entra en juego la limerencia, un sentimiento de atracción tan potente hacia una persona que se vuelve obsesivo y provoca que sintamos la imperiosa necesidad de ser correspondidos. Aparece entonces una fijación exagerada que nos atrapa y hace que perdamos el sentido de la realidad.

Aunque parezca increíble, la limerencia no es más que un mecanismo de defensa que aparece cuando nuestra autoestima está debilitada y cuyo único objetivo es protegerla para que no se deteriore todavía más. Al haber idealizado a la otra persona, si somos rechazados podremos escudarnos en que nunca tuvimos posibilidades (era un ídolo, alguien sobrenatural, y nosotros unos simples mortales).

Por el contrario, si somos correspondidos podremos por fin querernos a nosotros mismos. Pero no por la autoestima que hemos sido capaces de construir, sino por la validación externa que obtenemos al vernos a través de los ojos de alguien a quien admiramos. Al fin y al cabo, si ese ser semidivino es capaz de ver cualidades en mí, a lo mejor no soy tan insuficiente como pensaba.

El sacrificio del mártir

Muy a mi pesar, no he terminado todavía con la entrega absoluta.

La conquista romántica tiene tan sumamente sobrevalorado el concepto de darlo todo por el otro (recordemos que enamorarse es la cosa más importante que puede haber en el mundo) que todo lo que hagamos por él es siempre poco.

Como hemos visto, hay carta blanca para el sacrificio. Y, cuanto más exagerado y desproporcionado sea este, mejor, más amor hay. Tenemos el ejemplo extremo de *Romeo y Julieta*, en que el uno y la otra, al percibir (muy erróneamente) la muerte del/la amado/a, se suicidan. Porque para qué quiero seguir viviendo si el objeto de mi amor (a quien, por cierto, conozco desde hace tan solo unos días) ya no está en este mundo. Demencial.

Aunque hay sacrificios que incluso superan a este. La muerte es dolorosa, pero supone el fin, ya no hay nada más allá de ella, por lo que el sufrimiento termina. Sin embargo, se pueden hacer sacrificios increíbles cuyo dolor insoportable perdure incluso después de haberlos cometido. Por si no lo conocías, te presento a Cyrano de Bergerac (el personaje de ficción, no el real, un hombre que sí existió en la Francia de Luis XIV).

Según la obra de teatro de Edmond Rostand (más de dos siglos posterior al personaje histórico), Cyrano es un gran soldado y poeta, conocido por su incomparable habilidad con la espada y con la pluma. Pero, para su desgracia, tiene una nariz enorme que le deforma el rostro de forma irremediable, lo cual le resta oportunidades de conquistar a su amada Roxane (que es también su, ejem, prima).

Cyrano, que debido a su aspecto se considera a sí mismo indigno del amor de Roxane, trata de aproximarse lo máximo posible a la experiencia de seducirla y generar un vínculo amoroso con ella, empleando a Christian (un chico apuesto, resultón y que no le llega ni a la suela del zapato a Cyrano), como mediador y beneficiario de sus habilidades de seducción.

Por eso mismo, haciendo uso de su increíble sensibilidad y destreza comunicativa, le escribe a Roxane las más bellas cartas de amor en nombre de Christian, le chiva a este lo que le tiene que decir en sus encuentros amorosos y le explica cómo debe comportarse ante ella. De esta manera, le ofrece a su amada al hombre que cree que se merece.

Madre mía, Cyrano, para ser el más ingenioso de todos los súbditos de su majestad, eres un poquito ingenuo.

Lo apuesto todo al rojo

Podría seguir poniendo ejemplos de malas prácticas derivadas del amor romántico, pero este libro no va de eso. Prefiero que pasemos más pronto que tarde a analizar qué podemos hacer para mejorar nuestras relaciones afectivo-sexuales. No obstante, no quiero cerrar este apartado sin hablar de las **declaraciones de amor**. En mi opinión, **una de las herencias más dañinas de la conquista romántica en nuestra sociedad**.

Cuando hablo de declaraciones románticas, me refiero a esas confesiones de amor repentinas e inesperadas que pretenden sobrecoger el corazón de la otra persona con un empalagoso despliegue de sentimientos, digno de la peor comedia romántica que se te pueda ocurrir.

Estas apuestas desesperadas de «todo al rojo» o «todo o nada» tienen el objetivo de hacer que la persona amada se replantee de repente toda su vida y la relación con su admirador secreto. Pues bien, aunque cinematográficas, en el mundo real estas declaraciones resultan incómodas, descalibradas y tremendamente violentas.

Lo normal y sano es que dos personas se vayan conociendo, demostrando un interés mutuo y descubriendo juntos qué es lo que surge entre ambos.

En ese proceso irán desarrollando sentimientos de manera progresiva y compensada, nunca de forma abrupta tras una declaración inesperada.

Un clarísimo ejemplo de esto lo encontramos en la película *Love Actually*. Hay varias (muchas) cosas que andan mal en este filme de 2003, pero ahora vamos a hablar de la relación entre Peter y Juliet. Ella está recién casada con el mejor amigo de Peter y nos consta que es muy feliz con él. Pero resulta que Peter ama en secreto a Juliet, lo que, claro, es un problemón... Se trata de la mujer de su mejor amigo. ¿Qué hace Peter? Opta por la que posiblemente es la peor de las opciones: se declara de una forma «muy especial» a Juliet, en secreto (y a escasos diez metros de su marido, por cierto) y mediante unas cartulinas que dicen cosas como «para mí eres perfecta».

Para el espectador, sin duda, es uno de los momentazos de la película, pues se trata de una declaración original y sorprendente. Lo que ya no te cuentan, y yo tampoco lo sé porque la peli se termina poco después, es qué les ocurre a los tres personajes más allá de esta escena. De todos modos, algo me dice que muy bien no acaba.

Hay muchísimos más ejemplos de confesiones sorpresivas en la ficción. Otra de las más conocidas pertenece a la serie *Friends*. En su ultimísima emisión, después de haberse pasado tropecientos capítulos despreciándose, echándose en cara cosas («*We were on a break!*»), compitiendo y alimentando una rivalidad bastante tóxica, Ross se declara a Rachel cuando ella está a punto de marcharse de Nueva York para vivir en Tokio.

Además del hecho de que Ross es una *red flag* con patas y da para un libro entero hablando solo de su comportamiento, su confesión es un peligro. Básicamente porque conduce como un loco para llegar a tiempo, se salta la seguridad del aeropuerto (y, ojo, que esto ya sucede con posterioridad al 11-S), pone en alerta al personal y molesta al resto de los pasajeros. Y todo para hacer algo para lo que ha tenido unas siete temporadas de tiempo. Pero, claro, ya sabemos cómo funcionan las declaraciones de amor... Cuanto más impulsivas e inesperadas, mejor. Obviemos el patetismo y la desesperación tras estas conductas. Todo vale en el amor.

De nuevo, tampoco sabemos adónde llevará esta relación porque la serie termina justo ahí, pero yo no apostaría a que durasen más de un capítulo.

●●●

Esta visión se viene repitiendo una y otra vez desde hace tanto tiempo que, como sociedad, la hemos asimilado y naturalizado.

●●●

Lo normal y sano es que dos personas se vayan conociendo, demostrando un interés mutuo y descubriendo juntos qué es lo que surge entre ambos.

ESTO ES LA GUERRA. LA CONQUISTA ESTRATÉGICA

Y, cuando parecía que tras siglos de romanticismo en nuestra cultura el tema de la seducción no podía ponerse más peliagudo, en los últimos años se ha producido la llegada de una «nueva ola» que ha venido a generar más distorsión. Se trata de lo que denominaremos «conquista estratégica».

¿Por qué este nombre que parece sacado del *Age of Empires*? Pues porque, **desde este enfoque, el acto de atraer a otra persona y la guerra pasan a ser dos cosas muy similares**. De hecho, como veremos más adelante, llegan a ser dos conceptos casi idénticos.

Lo que llamaremos conquista estratégica tiene su origen en el libro *El Método*, publicado originariamente en 2005. Su autor, Neil Strauss, nos presenta en él lo que aprendió del «gran maestro de la seducción», Mystery (seudónimo de Erik von Markovik). Este método, según él infalible, sirve, atención, para conquistar **a cualquier tipo de persona que nos interese**. Así, a lo grande.

Un momento, ¿a todo tipo de personas? Pues no exactamente, ya que este maravilloso sistema está diseñado para hombres que quieren atraer a mujeres. Así que, muchachos, estamos de enhorabuena.

El libro tuvo una gran acogida en su momento. Se convirtió en un best seller prácticamente de inmediato y, además, supuso una «revolución» en el mundo de la seducción. Luego veremos que, a efectos prácticos, no es algo que funcione tan bien, pero su irrupción marcó un antes y un después en las dinámicas de la atracción y, por eso mismo, vamos a dedicarle su rinconcito de gloria en este libro.

Por supuesto, como ha tenido un gran impacto en la sociedad, ha creado escuela. Han sido cientos, o incluso miles, los «maestros de la seducción» que han surgido a partir de esta manera de entender la atracción y que «enseñan» al resto de los mortales cómo conquistar a las damas.

Bueno, pero ¿en qué consiste este sistema? Aunque han surgido muchas «escuelas», todas beben de las mismas enseñanzas impartidas por Mystery que se basan en dos puntos fundamentales: el engaño y la interpretación. Vamos a verlos detenidamente para comprender mejor todo este quilombo.

El engaño o cómo manipular a la persona deseada

Este método entiende la seducción como una guerra, un enfrentamiento en el que tu objetivo, la persona que deseas seducir, es, en realidad, tu enemigo.

Así de entrada parece una aproximación, como poco, conflictiva. Ya se le van viendo las costuras.

Esto de entender la conquista de un modo tan literal se debe a la aplicación de técnicas de guerra a la seducción basadas en enseñanzas como las que expuso el general y filósofo chino Sun Tzu en su archiconocida obra *El arte de la guerra*. Veamos un extracto de ese libro para entender por dónde van los tiros. Los *tiros*, ¿lo pillas?

El arte de la guerra se basa en el engaño. Por lo tanto, cuando se es capaz de atacar, se ha de aparentar incapacidad; cuando las tropas se mueven, aparentar inactividad. Si está cerca del enemigo, se ha de hacerle creer que está lejos; si está lejos, aparentar que está cerca.

Según esta doctrina, para vencer hay que engañar al rival constantemente. O, dicho de otra manera, manipularlo.

Cada acción que hagamos para seducir a la otra persona debe tratar de confundirla para lograr que pierda la confianza en sí misma, rebajar su posición y, al mismo tiempo, hacernos ascender a nosotros. La colocaremos a ella en un plano inferior y de este modo nosotros quedaremos por encima y alcanzaremos una posición perfecta para atacar con nuestros encantos.

Veamos algunas de las técnicas más usadas para manipular y atacar la autoestima de nuestros enemigos, es decir, de las mujeres que nos gustan.

«The N Word» en la seducción

Tranquilos, no me voy a poner a escribir palabras malsonantes aquí. Quiero referirme al término «nega», procedente del inglés «neg». Se refiere a una acción destinada a desacreditar a alguien de una forma más o menos sutil, sin necesidad de insultar o faltar directamente. Se trata de pequeñas faltas de respeto que consiguen que la otra persona vea su posición debilitada y, por lo tanto, rebaje su autoestima, que podemos ejemplificar con frases como estas: «Qué guapa estás en esa foto. No pareces tú». «Me encanta ese vestido, es la tercera vez que se lo veo a una chica hoy». «¡Qué curioso! Eso ya lo he oído antes en un tuit».

Si te fijas, este tipo de enunciados tratan de generar inseguridad en la otra persona mediante críticas subliminales introducidas en comentarios aparentemente bienintencionados y espontáneos. Y, al depreciar características de la otra persona, teóricamente, facilitamos que ahora ella se esfuerce por obtener nuestra aprobación.

Los negas también pueden ser comentarios que desemboquen en acciones, como por ejemplo decirle a la otra persona que se limpie el lápiz de labios de los dientes (cuando es mentira que los tenga manchados), que se quite un moco (inexistente) de la nariz o avisarla de que se le ve la ropa interior (es falso) solo para provocar que se sienta insegura con respecto a su apariencia física en nuestra presencia.

No hay duda de que estos negas son flagrantes faltas de respeto hacia la otra persona. **No hace falta insultar o usar palabras malsonantes para humillar a alguien.** Con una actitud manipuladora y pasivo-agresiva como esta puede bastar. Por supuesto, estas técnicas solo sirven con personas inseguras, porque, a nada que la mujer que recibe estos comentarios tenga un mínimo de autoestima, no tardará en perder el interés y mandarnos a paseo.

Lo que el viento se llevó

Si minar la posición del rival puede ser una buena táctica que nos permita colocarnos por encima, hay otras técnicas que sirven para reforzar nuestra posición y aparentar ser más de lo que somos. Se trata de actitudes y comportamientos que llevarían a otros a pensar que somos más graciosos, simpáticos, generosos y divertidos de lo que realmente somos. ¿Y qué calificativo reúne de un plumazo todas esas virtudes en una sola? Pues sí, **ser populares**.

La quinta acepción de «popular» en el diccionario de la RAE dice que se trata de alguien «que es estimado o, al menos, conocido por el público en general». Alguien así tiene que ser, como mínimo, interesante, ¿verdad?

Y aquí entra en juego la técnica del saludo. ¿En qué consiste? Pues en que, al llegar a un lugar (preferentemente una discoteca, lugar oscuro, abarrotado y muy ruidoso), nos pongamos a saludar efusiva y claramente a lo lejos, hacia grupos de personas, a la barra, a la cabina del DJ... En realidad, estamos saludando a la nada, pero la impresión que daremos a cualquier persona que nos esté mirando es de que acaba de llegar alguien popular (y, por lo tanto, divertido, interesante, *cool*, etcétera, etcétera). Dicho de otra forma, pongan el himno de la noche, que acaba de llegar el alma de la fiesta.

Así de entrada, más allá de sus posibles beneficios, esta «técnica» atenta brutalmente contra mi sentido común. Nótese la ironía: con el fin de hacer creer que eres popular, te comportas de un modo tremendamente impopular, extraño y ridículo. Y es que, reconozcámoslo, entrar en un lugar cantando «hola, don Pepito; hola, don José» contigo mismo no es que sea muy carismático.

Esta estrambótica técnica saltó al gran público gracias al vídeo de un curso de seducción impartido por uno de los autoproclamados «maestros de la seducción». En él, el gurú de turno explicaba las bondades de tal proceder a un entregado grupo de aprendices, e incluso ponía a practicar a sus secuaces haciendo que también saludasen al viento. El resultado es una pieza audiovisual de humor grotesco aderezado con mucha vergüenza ajena. Búscalo y compruébalo por ti mismo. Pon en YouTube «Fingir tener amigos para ligar» y disfrútalo.

Ignorar selectivamente

Por lo visto, la conquista estratégica tiene una especie de fetiche con los saludos, ya que todavía se les puede sacar más partido. En esta ocasión, ya no los utilizaremos para mejorar nuestra imagen, sino que regresamos a las bondades de hacer que nuestra presa rebaje su posición y autoestima.

Esta técnica se basa en saludar a todas las chicas del grupo al que te aproximas MENOS a la que te gusta. Es decir, empezarás a interactuar normalmente con todas las mujeres del grupo, salvo con la que a ti te interesa, a la que tratarás de mantener al margen de la conversación para que se sienta desplazada. Con ello lograrás, al menos en teoría, que se sienta retada y entre en competición con el resto de las hembras, esforzándose por llamar la atención del macho para evitar perder puestos en la jerarquía social.

Sí, ya sé que parece que te estás tragando un documental de *National Geographic* sobre babuinos, pero te aseguro que sigues leyendo el libro.

La lógica de esta técnica es evidente. De nuevo, busca «poner en desventaja» a nuestro objetivo para que sea más vulnerable y más susceptible de dejarse llevar por tus encantos. De nuevo, una tonelada de manipulación y de pasivo-agresividad.

Una de cal y otra de arena

Una de las reglas de oro en el libro de cabecera de todo manipulador es esta: **dar atención y después quitarla**. Se trata de una actitud en la que, por ningún motivo en concreto, se le da mucha atención a la persona que te interesa para retirársela de golpe. Las maneras de hacerlo pueden ser muy variadas: contestar con monosílabos, no coger el teléfono, reducir la interacción en redes sociales, dar excusas vagas, no responder en absoluto, etc. El objetivo es crear una inestabilidad en la otra persona, que se verá descolocada al no entender las causas del distanciamiento. De este modo lograremos que se vuelva adicta rápidamente a nuestras muestras de atención y que, cuando retiremos de golpe todo nuestro interés, se obsesione con recuperar la validación que antes le proporcionábamos y empiece a perseguirnos.

Por supuesto, como en la mayoría de las tácticas de la conquista estratégica, la víctima ideal vuelve a ser una persona con una autoestima debilitada. Porque, de lo contrario, no tardará en identificarte como alguien tóxico y mandarte a freír espárragos.

La regla del 3X

En su afán de convertir la seducción en un proceso protocolizado y replicable con cualquier mujer, la conquista estratégica también echa mano de las matemáticas. Así es como nace la regla del 3X, según la cual tú siempre deberías tardar en contestar sus mensajes el triple de lo que ella tarde. Si ella tarda dos horas, multiplicas 3 por 2 y ahí tienes el tiempo que deberías esperar para responder. Se trata, en definitiva, de imponernos un freno a nosotros mismos para demostrar que tenemos una vida muy rica e interesante más allá de la otra persona. En otras palabras, que tenemos el control de la incipiente relación.

Y, sí, podemos estar de acuerdo en que saturar el WhatsApp de la otra persona con *stickers*, emojis y largas parrafadas no es la mejor forma de iniciar el proceso de seducción. Pero, por otro lado, calcular cuándo vamos a detener y a retomar la interacción es retorcido y antinatural.

Piénsalo. Al final, el objetivo de esta técnica es simular desinterés y hacer ver que apenas te acuerdas de la otra persona porque tienes una vida demasiado emocionante. Pero, como todos los métodos de la conquista estratégica, se centra en el engaño y en la apariencia. **Lo importante no es que tengas una rutina dinámica y excitante, sino que lo parezca.**

Pero ¿cuál es la realidad detrás de esta farsa? ¿Qué ocurre cuando realmente no tienes una vida plena y aplicas este tipo de estrategias? Pues que estás todo el rato pendiente de si te escribe y que cada vez que te vibra el móvil miras a ver si por fin te ha contestado y que, cuando por fin lo hace, te pones a calcular cuánto deberías tardar en contestarle. Y una vez que tienes la cifra en la cabeza, una vez que sabes cuánto tienes que esperar exactamente para cumplir con la regla del 3X, ahora no puedes dejar de repensar la respuesta que le vas a dar al mensaje que te ha enviado.

En definitiva, la regla del 3X, lejos de demostrar desinterés, es un claro indicador de lo mucho que estás dispuesto a esforzarte y a contenerte para conquistar a la otra persona.

La interpretación. Haciendo tu mejor papel

Y vamos con el otro gran pilar de la conquista estratégica. Si lo pensamos detenidamente, las técnicas de engaño que hemos visto se quedan cojas si carecen de interpretación. Pensemos por ejemplo en las técnicas de «lo que el viento se llevó», «ignorar selectivamente» o «una de cal y otra de arena»; si no introduces ciertas dotes actorales, no hay quien se las trague. Al final, engaño e interpretación generan la sinergia necesaria para que la conquista estratégica salga adelante.

Cuando hablamos de interpretación, por tanto, nos referimos a la forma de poner en práctica y representar las técnicas de manipulación que hemos visto en el punto anterior. Se trata de seguir una estudiada secuencia de conductas verbales y no verbales.

La teoría dice que, si esta secuencia se cumple con exactitud, de alguna manera se hackeará la mente de la persona seducida y se le generará un deseo primitivo y animal.

En el fondo, no se trata tanto de ligar por tu verdadera identidad, sino de dejar que este ritual, perfectamente guionizado y cuidadosamente coreografiado, ligue por ti. Sería algo así como las katas en kárate. Si cumples con cada uno de los pasos, te llevas el premio. Así de sencillo.

Aunque tengo un ejemplo mejor todavía. En la serie *Cómo conocí a vuestra madre*, el personaje de Barney Stinson, ligón por excelencia, tiene un «manual», una especie de diario donde apunta sus mejores herramientas para llevarse al huerto a «mujeres incautas, ingenuas e inseguras». Su manual reúne una serie de técnicas de seducción destinadas a «engañar» a otra persona mediante la interpretación para conseguir favores sexuales.

Muy bien, pero ¿cuáles son esas secuencias milagrosas que llevan irremediablemente a la conquista? Vamos a ver algunos ejemplos.

Para empezar, **la primera interpretación de todas es la seguridad en uno mismo**. Pero una seguridad impostada, avasalladora y dominante, en la cual el conquistador lleva siempre la voz cantante. Olvídate de mostrar vulnerabilidad o imperfección; debes transmitir la sensación de que estás de vuelta de todo, que todo en tu vida es perfecto y que en tu interior no habita ni un ápice de inseguridad o duda. Por supuesto, es una máscara que no podrás aguantar durante demasiado tiempo, pero no hay que olvidar que la conquista estratégica se enfoca principalmente en la obtención de sexo, de modo que si te das mucha prisa igual lo consigues antes de que se te vea el plumero.

Por otro lado, nos encontramos también con elementos interpretativos basados en el lenguaje no verbal, como la «técnica del falcado». Falcarse es echarse sutilmente hacia atrás, en una pose que aparenta absoluta tranquilidad, para hacer que la chica tenga que inclinarse hacia delante para interactuar contigo, reconociendo (en teoría) que es ella la que más invierte en la interacción. Esto está probado científicamente por un equipo de la Universidad de Abrazafarolas de la Charca, así que ojito.

También tenemos a nuestras amigas las frases prefabricadas, que procuran guionizar tanto como sea posible nuestras interacciones, evitando que nuestra identidad pueda filtrarse a lo largo de la conversación. Aquí hay de todo, como en el bazar de la esquina. Desde abridores de conversación hasta respuestas ingeniosas para posibles negativas. Entre todas ellas destaca el «*storytelling* de alto valor».

Una de las tareas que suelen poner los grandes (ejem) gurús de la seducción es hacer que sus alumnos se aprendan y memoricen, palabra por palabra, anécdotas (reales o ficticias, lo mismo da) que sirvan para despertar ciertas sensaciones en la persona seducida. Y para que queden en buen lugar, claro. De modo que deberán inventar, redactar y empollar una historia completamente plagada de «demostraciones de alto valor» que, de una manera sutil, permitan entrever sus irresistibles cualidades.

Sin comunicarlo de una manera explícita, la historia deberá dejar claro que el que la cuenta es un hombre popular, con un estilo de vida emocionante, una posición laboral envidiable, exitoso entre las mujeres y con unas dotes de liderazgo apabullantes. Es un poco lo que pasaba en *Friends* con la anécdota de Joey de aquella vez que estaba haciendo turismo de mochilero por Europa y una noche sobre un monte de Barcelona… Una historia inventada que, al final, termina contando a todo el mundo con el mismo propósito.

Como conclusión, esta visión estratégica de la seducción se presenta como un enfoque patológico de la atracción interpersonal en toda regla. Y es que, si bien es verdad que podrá ayudarte a conseguir algún revolcón con personas inseguras y faltas de autoestima, lo cierto es que tus probabilidades de éxito van a tender a cero si tratas de utilizarla con personas que se han trabajado por dentro.

Por eso, emplear este tipo de técnicas solo te servirá para atraer a tu vida a personas con las que difícilmente podrás construir relaciones satisfactorias, saludables y duraderas.

Tratar a la persona que quieres seducir como un enemigo, como un obstáculo, como una presa o como un premio no lleva de ninguna manera a crear lazos afectivos sanos y significativos.

Más bien a todo lo contrario. Aquellos que nos rodean no son objetos ni bienes de consumo. Son personas que merecen un trato justo y honesto por nuestra parte. Más cuando pretendemos que formen parte de nuestra vida.

Aunque consiguiéramos resultados con estas técnicas, siempre serán limitados y efímeros. Engañar a alguien o hacerte pasar por quien no eres no sirve para forjar relaciones perennes. Es como presentarte a una entrevista de trabajo con un currículum falso y pretendiendo ser otra persona. Si consigues pasar la prueba, ¿cuánto crees que durarás en ese puesto?

Además, si la única forma que tienes de atraer a las personas que te gustan es manipulándolas y engañándolas, ¿qué mensaje te estás enviando? ¿Qué impacto crees que tendrá eso sobre tu autoestima? Piénsalo. Si todo tu atractivo reposa sobre el personaje que te has creado, al final lo único que podrás decirte es que eres un buen actor, pero no una persona atractiva, carismática y valiosa.

Y, ojo, que aprender todas las técnicas de seducción que existen y ser capaz de interpretarlas de manera que sea creíble tampoco es una tarea fácil. El Oscar no se lo dan a cualquiera.

Pero lo cierto es que muchas veces es más fácil aprendernos un puñado de trucos para PARECER más atractivos que hacer el trabajo interno necesario para SER más atractivos.

En la sociedad actual, en la que perseguimos soluciones rápidas y gratificación instantánea, es comprensible que la gente busque el atajo, el camino fácil. Pero quiero pensar que si tienes este libro entre tus manos es porque tú no te dejas seducir por este tipo de remedios de mercadillo.

●●●

Este método entiende la
seducción como una guerra,
un enfrentamiento en el que
tu objetivo, la persona que
deseas seducir, es, en realidad,
tu enemigo.

●●●

Tratar a la persona que quieres
seducir como un enemigo, como
un obstáculo, como una presa
o como un premio no lleva de
ninguna manera a crear lazos
afectivos sanos y significativos.

• LO QUE EN REALIDAD ES LA SEDUCCIÓN

Por lo que llevamos visto hasta ahora, nos encontramos con que la seducción ha venido estando condicionada desde hace mucho por visiones erróneas, disfuncionales y con no poca toxicidad. En la proliferación de estas perspectivas reside la causa del fracaso de la vida afectivo-sexual de millones de personas en el mundo.

De modo que podría decirse que «no sos vos, es la sociedad». Algo así. Pero, eh, toca responsabilizarse un poco y cambiar el enfoque. Ahora ya lo sabes, así que vamos a corregirlo.

Una vez que hemos visto el papel tan importante que juega el entorno a la hora de definir la seducción, llega el momento de tomar cartas en el asunto. Primero, **toca reconocer que tal vez todo lo que hemos venido escuchando sobre seducción hasta ahora no era correcto, ni positivo, ni sano.** Y segundo, hay que buscar alternativas que nos lleven, ahora sí, a establecer esa conexión fructífera y significativa con otras personas.

Por descontado, esto no solo se centra en hombres que buscan atraer a mujeres, sino en personas de todo tipo de géneros y orientaciones sexuales. Cualquiera que quiera mejorar sus competencias a la hora de ligar; sin idealizaciones, sin cuentos, sin engaños.

Por eso mismo, vamos a empezar viendo qué es en realidad la seducción. Cómo deberíamos entenderla.

DEFINIENDO LA SEDUCCIÓN

Una buena definición de seducción sería la siguiente:

Es un proceso de exploración en el que damos los pasos adecuados para evaluar si existe compatibilidad con la otra persona.

Como puedes ver, en esta definición entran en juego conceptos que antes se pasaban por alto. Y también se les da un nuevo significado a otros elementos que con anterioridad tenían otro papel. Vamos a verlo con más detalle.

Para empezar, **la seducción es un proceso de exploración**. Por lo tanto, no tiene que ver con la idea de la conquista. Según las aproximaciones anteriormente analizadas, la seducción consistía en tratar de convencer a la otra persona, ya fuera mediante muestras de romanticismo desenfrenado o a través de técnicas manipulativas, de que nosotros éramos la persona indicada para iniciar una relación afectivo-sexual.

Y, por supuesto, si entendemos la seducción como un proceso de conquista en el cual el objetivo es atraer a la otra persona a toda costa, el fin justifica los medios. Aquello de que en el amor y en la guerra todo vale, ya sabes.

Sin embargo, con este nuevo enfoque el punto central es la exploración mutua. Ya no nos acercamos a la otra persona movidos por el deseo de hacerla nuestra, sino por la curiosidad por entender quién es y qué sucede cuando interactuamos con ella. ¿Cómo nos sentimos cuando estamos juntos? Y es que, en las visiones erróneas de la seducción que hemos estado analizando, apenas hay espacio para conocer a la otra persona y darte a conocer. Una persona nos gusta por algún motivo superficial (normalmente, por su físico) y solo nos basamos en eso para querer conquistarla. De este modo, la representación mental que nos hacemos de esa persona es más importante que cómo es en realidad. Por el contrario,

la exploración nos lleva a descubrir y a poner una base sólida sobre la que construir una relación valiosa. Explorar es conocer, conocer es entender, entender es valorar.

En esta nueva definición, la atracción está íntimamente ligada con la **compatibilidad**. Al ir descubriendo a la otra persona de forma paulatina, sin prisas y sin forzar nada, se está dando tiempo para ver en qué se es compatible. Pero hay que verlo con calma, sin idealizar ni cosificar, siendo cada uno como es en realidad. Es a partir de la exploración de esas compatibilidades (y su contrario) cuando surgirá la atracción. No ya solo la atracción física o superficial (que, por supuesto, también es importante), sino la profunda.

Esta es una definición que invita a la calma y al sosiego y, por desgracia, vivimos en un mundo en el que la inmediatez ha ganado la partida. Aspectos como la vida acelerada, los trabajos acaparadores, la sociedad de consumo o la hiperconectividad han logrado que entendamos el proceso de seducción como algo inmediato. La cultura de los *likes* y los *matches* no favorece en absoluto la correcta evolución del proceso de seducción.

Con todo, esa «seducción pausada» debe ser nuestro objetivo, al menos si deseamos alcanzar relaciones plenas y satisfactorias. Tiene su complejidad, pero no te preocupes, estoy aquí para echarte un cable.

«Yo no conquisto, sucumbo»

Esta frase tan emotiva, que ya vimos cuando buscábamos definiciones para la seducción, la dijo el conquistador por antonomasia, Giacomo Casanova. ¿Qué quiere decir y por qué puede ayudarnos a comprender mejor el proceso de seducción?

La célebre frase del mítico seductor veneciano viene a reforzar la idea de que la seducción no es un proceso unilateral que una persona proyecta hacia otra. Más bien se trata de un baile en el que dos personas se ven inmersas y que, si existe una buena compenetración, las arrastra inevitablemente hacia la atracción. Como ocurre con el amor o la amistad, la atracción no es un sentimiento que se pueda forzar o imponer al otro, sino que surge de una compatibilidad real y genuina.

Por lo tanto, no es necesario utilizar artificios, técnicas o herramientas para dirigir a la otra persona hacia donde uno quiere. Casanova no utilizaba sus habilidades sociales para manipular a las mujeres con el fin de que se acostaran con él. Al contrario, las empleaba para guiar este proceso de exploración mutua y descubrir si la atracción surgía de manera natural, fruto de la afinidad. De modo que él no conquistaba, sino que se comportaba tal y como era y permitía que las cosas cayeran en su lugar.

Esto puede verse como algo muy abstracto, pero tiene todo el sentido. La idea principal detrás del «yo no conquisto, sucumbo» es que la atracción es un elemento latente entre dos personas. Un sentimiento que está dormido hasta que, a través del conocimiento mutuo, despierta.

La atracción no se fuerza, sino que simplemente surge si las condiciones lo propician, arrastrando con sus poderosas corrientes a las personas que la experimentan.

En este sentido, el seductor no sería un conquistador, sino un facilitador capaz de generar las condiciones apropiadas para que nazca este sentimiento. Alguien con unas habilidades intra e interpersonales muy bien desarrolladas que emplea para favorecer esa exploración mutua que, en última instancia, podrá convertirse en atracción.

La mejor manera de entenderlo es imaginar que las personas somos como imanes y cada una tiene una carga magnética. Tu carga magnética hace que atraigas a cierto tipo de personas y repelas a otras. Esta carga magnética está íntimamente relacionada con variables psicológicas como tu personalidad, valores, estilo de apego, etc. La idea es que ahí fuera hay personas que son perfectamente compatibles contigo y otras que no, de modo que para poder descubrir esta afinidad es necesario que se produzca un proceso de exploración mutua.

Así, la seducción no tiene tanto que ver con apremiar la atracción como con dejar que se exprese. No se trata de emplear la fuerza (insistir, manipular, adular, etc.) para juntar dos imanes que se repelen entre sí, sino de acercarlos lo suficiente como para ver qué ocurre entre ellos. **Seducir es el acto de tomar la iniciativa de manera que facilitemos el descubrimiento mutuo.** Y la atracción es la consecuencia inevitable de una adecuada compatibilidad entre ambas partes.

No vengo a gustarte, vengo a ver si nos gustamos

Este punto de vista es, además, mucho más poderoso y atractivo, porque ya no te estás acercando a pedir, sino a descubrir. No te acercas para demostrar nada ni para obtener algo de la otra persona, sino que te aproximas desde la curiosidad, sin mayores pretensiones. Y es que, cuando percibimos que alguien está desesperado por obtener algo de nosotros, lo más habitual es que nuestro interés decrezca. Tenemos que entender que la conquista te pone en una situación de necesidad con respecto a la otra persona y que, cuando adoptas el rol conquistador, inmediatamente empujas al otro a asumir una actitud más defensiva. Como en la guerra, si uno ataca, el otro se defiende.

Esta nueva manera de entender la seducción resta muchísima presión a cada una de las partes, pues no estamos buscando obtener absolutamente nada de la otra persona. Ni validación, ni afecto ni sexo. No nos estamos dirigiendo a ella para conseguir gustarle o atraerle, sino que nos acercamos con el objetivo de conocerla, darnos a conocer y ver qué surge. Porque, cuando dejamos de intentar gustar y nos acercamos a descubrir, nos abrimos a lo que surja. Si surge una relación sentimental, bien. Si es de amistad, bien. Si lo que aparecen son relaciones de colaboración de algún tipo, bien. Y, si no surge nada, pues también bien.

Más allá, esta visión también nos permite liberarnos de la necesidad de gustar a toda costa. Este proceso más progresivo y natural facilita que desvinculemos la autoestima del proceso de seducción. Al entender que la atracción (ese magnetismo del que hablábamos) es algo que no se puede forzar, también comprendemos que, cuando no le gustamos a otra persona, esto no implica que algo falle en nosotros o que seamos pésimos ligando.

Porque el éxito en la seducción no radica en conseguir gustar a todo el mundo o a una cantidad muy importante de gente, sino en ser capaces de emprender las acciones necesarias para favorecer el descubrimiento mutuo y evaluar así la compatibilidad.

Ya no es necesario fingir ni ponerse caretas de ningún tipo para parecer más atractivo. Simplemente se trata de saber tomar la iniciativa y aceptar el resultado. Y disfrutar del proceso, que es muy bonito, por cierto.

Efecto de la similitud

Y, dado que estamos remarcando tanto la importancia de la compatibilidad, es necesario que hablemos del efecto de la similitud. Esta teoría se la debemos a Donn Byrne. Las investigaciones recopiladas e implementadas por este autor le llevaron a concluir que nos sentimos atraídos hacia lo que es similar a nosotros. Es decir, que aquello de que los polos opuestos se atraen es otro mito de la cultura popular. Y, si lo piensas, tiene todo el sentido del mundo.

A lo largo de mi vida, he sido yo quien ha ido escogiendo los caminos que me han hecho ser quien soy. Me he ido posicionando en una ideología, he ido reforzando unos valores, he optado por dedicar mi tiempo a determinadas actividades, he incorporado unos hábitos y rutinas, he escogido una estética (corte de pelo, ropa, forma física) y, en definitiva, he ido tomando decisiones que han acabado por configurar mi identidad.

Por lo tanto, si tengo una buena autoestima, es decir, valoro positivamente mis virtudes y características personales, es normal que también me gusten esas cualidades cuando las veo en otras personas. Y es por eso por lo que, si veo que alguien tiene una personalidad, valores, filosofía de vida o hobbies parecidos a los míos, para mí será un plus.

Byrne demostró que nos sentimos más atraídos hacia las personas que se parecen a nosotros y que, además, nuestro pronóstico como pareja será bastante más halagüeño. Por supuesto, este fenómeno ocurre de manera bidireccional, esto es, que tú también generarás más atracción en las personas que se te asemejan. El magnetismo afecta por igual a ambas partes, vaya.

De modo que **a la hora de ligar no todo depende de uno mismo**. A lo largo de mi experiencia profesional como psicólogo especializado en atracción interpersonal, he visto a muchas personas castigarse con la idea de que, si no han gustado a otra persona, es porque han hecho algo mal o porque algo falla en su interior. Y no me extraña, ya que, como hemos estado viendo, tanto la conquista romántica como la conquista estratégica ofrecen una falsa sensación de control absoluto, haciendo que parezca que el éxito de tus interacciones depende solamente de ti.

Si ligas es porque lo has hecho bien y si no ligas es porque lo has hecho mal. Pues no. La seducción es como un baile, y un baile es cosa de dos. Así que tienes un 50 por ciento de margen de maniobra para que el baile salga bien. El resto depende de la otra persona. Y de vuestra compatibilidad, por supuesto.

Recuerda siempre esto: en cualquier relación social hay una parte de la ecuación que no depende de ti. Tú lo puedes hacer muy bien y no ligar, del mismo modo que lo puedes hacer muy mal y acabar ligando. Lo que está claro es que no puedes parecerte a todo el mundo y, por tanto, no puedes gustar a todo el mundo. No eres una croqueta.

Y por eso nunca debes poner el foco en intentar gustar a la otra persona, sino en explorar la compatibilidad que tienes con ella. Como hemos dicho, la seducción no tiene que ver tanto con forzar la atracción como con ser capaces de tomar la iniciativa para favorecer un descubrimiento mutuo que permita evaluar esa compatibilidad. Y, sí, has acertado, la compatibilidad depende muchísimo de la cantidad de similitudes que compartáis entre vosotros.

Cuando consigues hacer este cambio de mentalidad (es algo que suele costar, pero merece mucho la pena), automáticamente dejas de intentar transformarte en el tipo de persona que crees que la otra parte desea y empiezas a mostrarte tal como eres. Y esto tiene un impacto tremendamente positivo en tus relaciones.

Autenticidad

Esta es una palabra clave en mis redes y no es por casualidad. La autenticidad nos vuelve más magnéticos, para bien y para mal. Cuando te deshaces de la necesidad de gustar y complacer a todo el mundo y te empiezas a mostrar tal como eres, inmediatamente te polarizas, atrayendo mucho más a la gente que es compatible contigo y ahuyentando a la que no lo es. Cuanto mayor sea tu carga magnética, menos indiferencia generarás.

Siendo complaciente agradarás a todo el mundo. Siendo auténtico enamorarás a unas pocas personas, pero serán las adecuadas.

Porque, en definitiva, la autenticidad actúa como filtro social y permite que acabes rodeado por la gente que te quiere y te valora por ser quien eres.

Odiamos las máscaras porque no nos permiten ver lo que hay detrás de ellas y eso nos genera muchísima desconfianza. Al desconocer la verdadera identidad de la otra persona y sus intenciones, no nos sentimos cómodos a su lado. Intuimos que tiene algo que esconder o que se gusta tan poco a sí misma que le acompleja mostrarse. Sea como sea, nos repele.

Si te permites mostrarte tal cual eres, la otra persona lo notará rápidamente y eso le generará muchísima confianza, ya que le permitirá evaluar con precisión la compatibilidad que existe entre vosotros. Por supuesto, puede ser que exista una adecuada afinidad o puede que no. Pero, incluso si no la hubiera, lo cierto es que **las personas auténticas suscitan un mayor respeto y confianza que las camaleónicas**.

Y, ojo, no estoy hablando de que te esfuerces por ser único y original, que es lo que explota la publicidad para vender ropa, colonias y relojes. Una pista: los tiros no van por ahí. La autenticidad no proviene de que hagas las cosas que se supone que gustan a todo el mundo. Esta confusión es muy común y se puede ver con facilidad en los perfiles de Tinder de un porcentaje muy alto de sus usuarios. Fotos viajando, haciendo submarinismo, surf, escalando, montando en moto o en deportivo. Todo el mundo haciendo lo mismo. Me temo que eso no es ser auténtico. Más bien todo lo contrario.

Ser auténtico es dejar que aflore tu verdadero yo. Sin postureo, sin convencionalismos, sin rituales forzados que no te representan.

La autenticidad procede de dentro, de cuando nos permitimos mostrarnos tal como somos. Es nuestra personalidad la que sirve de filtro, no nuestros accesorios. Esto requiere que nos conozcamos muy bien a nosotros mismos y querernos bastante. Pero no querernos en un sentido ególatra y enfermizo, sino querernos tal como somos, pese a nuestras imperfecciones y contradicciones.

Así que sí, voy a seguir usando la autenticidad como seña en mis vídeos. Piensa en hacer tú lo mismo en tu día a día.

Mejor que atraer, ser atractivo

Todas las ideas que llevamos viendo en este punto terminan desembocando en este concepto: **hay que SER atractivo, no solo parecerlo**.

Ya no importa tu capacidad para interpretar un papel, para memorizar frases, para aplicar técnicas o para generar inseguridad en la otra persona. Dejamos atrás toda esa fachada para centrarnos en tus competencias intra e interpersonales. Aquellas habilidades que te van a servir para tomar la iniciativa, para iniciar y mantener conversaciones que permitan la exploración mutua y para relacionarte desde la autenticidad con la otra persona.

Pasamos de trabajar nuestras dotes escénicas de interpretación a trabajar elementos internos como la autoestima, las habilidades sociales, la ansiedad social o la inteligencia emocional. Pasamos, en definitiva, de la apariencia a la esencia.

La exploración nos lleva a descubrir y a poner una base sólida sobre la que construir una relación valiosa. Explorar es conocer, conocer es entender, entender es valorar.

El éxito en la seducción radica en ser capaces de emprender las acciones necesarias para favorecer el descubrimiento mutuo y evaluar así la compatibilidad.

EL DÉFICIT EN HABILIDADES AFECTIVO-SEXUALES

Capítulo 2

Una vez que le hemos puesto nombre y apellidos a la seducción y a todo lo que hay a su alrededor (que, como ves, no era poca cosa), es hora de meternos en faena. Nuestro objetivo es saber cómo puedes ser más hábil a la hora de relacionarte y seducir a otras personas. Como estás a punto de comprobar, es mucho más simple de lo que pudiera parecer en un primer momento. Aunque también tiene su dificultad y conviene prestar atención.

A partir de aquí vamos a profundizar en las **habilidades afectivo-sexuales**. Esto es, las habilidades intra e interpersonales necesarias para relacionarte efectivamente con las personas que te resultan atractivas y dominar el arte de la seducción. Por supuesto, nos apoyaremos en las investigaciones científicas más relevantes sobre la materia y enfocaremos la seducción desde un punto de vista psicológico. Al final del libro encontrarás todas las referencias bibliográficas utilizadas, por si te interesa profundizar más por tu cuenta.

Para ordenar la información de una manera efectiva, nos centraremos en el análisis de los modelos explicativos para el déficit en habilidades afectivo-sexuales. Dicho en cristiano, vamos a profundizar en el origen de los problemas a la hora de seducir. ¿Qué está impidiendo que tu vida afectivo-sexual prospere? ¿Cuál es la causa principal de tus problemas a la hora de ligar? De esta manera, podrás identificar cuáles son los puntos clave que debes trabajar para alcanzar el éxito afectivo-sexual.

Muchos autores reconocen tres modelos explicativos que nos ayudan a comprender la aparición de problemas en esta área de nuestras vidas. Es decir, si tienes problemas para seducir, lo más probable es que sea por una (o varias) de las siguientes razones:

- El modelo de **las creencias distorsionadas**: la manera en que percibes la realidad está afectando negativamente a tu manera de relacionarte con las personas que te resultan atractivas. Por ejemplo, si pienso que para ligar debería poseer un atractivo físico deslumbrante, es muy posible que esté dejando pasar oportunidades de conocer y conectar con gente que me atrae por culpa de algún complejo físico.

- El modelo del **déficit de habilidades sociales**: tu repertorio de habilidades sociales no está lo suficientemente desarrollado y eso complica que puedas atraer a las personas que te atraen. Por ejemplo, si no sé cómo iniciar conversaciones con las personas que me atraen, seré incapaz de tomar la iniciativa cuando vea a alguien de mi agrado, imposibilitando que suceda algo entre nosotros.

- El modelo de **la ansiedad condicionada**: cuando interactúas con personas que te resultan atractivas te pones tan nervioso que te comportas de una manera mucho menos atractiva y carismática que de costumbre. Por ejemplo, si la ansiedad se apodera de mí cuando estoy delante de la persona que me gusta, es más probable que me quede en blanco y no sepa qué decir. Esto provocará que parezca mucho más aburrido y cortado de lo que realmente soy.

En las próximas páginas, analizaremos cada uno de estos tres modelos, para que puedas identificar cuál o cuáles son las áreas que deberías reforzar para mejorar tus habilidades de seducción. ¿Son tus creencias, tus habilidades sociales o es por culpa de tu ansiedad?

Pues vamos a verlo y a ponerle solución.

●●●

● EL MODELO DE LAS CREENCIAS DISTORSIONADAS

Este modelo parte de la base de que nuestra manera de procesar la información hace que, en ocasiones, evaluemos de manera distorsionada la realidad. Esta percepción desfigurada provoca que nos desenvolvamos de forma inadecuada o ineficiente cuando nos relacionamos con quienes nos atraen. La idea es que, en lo más profundo de nuestra mente, se han instalado una serie de creencias que interfieren negativamente en el modo en que nos relacionamos. Estos esquemas cognitivos (a menudo inconscientes) podrían dividirse en dos categorías: las creencias acerca de la seducción y las creencias acerca de nosotros mismos.

En primer lugar, nos referiremos a **las creencias que giran en torno a la seducción**. Y es que, dependiendo de cómo entienda el funcionamiento de la atracción, mi manera de desenvolverme con las personas que me atraen cambiará por completo.

Después, analizaremos las creencias sobre nosotros mismos. ¿Quién soy? ¿Cuáles son mis virtudes? ¿Y mis defectos? ¿Soy digno de amor o soy insuficiente como persona? Por supuesto, lo que yo piense sobre mí mismo afectará profundamente a mi manera de relacionarme con los demás.

A continuación nos introduciremos en cada una de estas dos categorías de creencias, profundizando un poco más y comprendiéndolas mejor.

FUNCIONAMIENTO DE LA SEDUCCIÓN

Ya hemos establecido que las relaciones interpersonales tienen unas normas. Cuando ves a alguien, le saludas, y, cuando te vas, te despides. Eso es fácil.

También procuras hablar sin chillar ni insultar, respetar su espacio personal y no ser desagradable. No hace falta ser un noble inglés en mitad de un baile en *Orgullo y prejuicio*, pero tampoco conviene ser un trol de las cavernas. En definitiva, saber comportarse, vamos.

Pues **para la seducción también existen unas normas**. Como ocurre con el resto de las especies animales, nosotros también contamos con rituales de cortejo propios que podrían ser cuidadosamente analizados por el mismísimo David Attenborough en un apasionante episodio de *National Geographic*. Nuestra capacidad para entender adecuadamente las reglas de este ritual será determinante a la hora de predecir nuestro éxito afectivo-sexual.

Resulta curioso que podamos comprender con tanta precisión el proceso de cortejo de prácticamente cualquier especie animal, pero luego estemos tan perdidos en lo que a nosotros respecta. Y no es que la ciencia no se haya interesado por el funcionamiento de la atracción interpersonal en el ser humano. Si nos hemos interesado por el cortejo del pelícano, ¿cómo no íbamos a estudiar el nuestro propio? El problema es que el conocimiento científico sobre el tema no ha llegado a la gente. No ha existido una divulgación consistente al respecto.

La cultura popular se ha mantenido impermeable al conocimiento científico sobre la seducción y la atracción humanas, permitiendo que los enfoques de la conquista romántica y la conquista estratégica campen a sus anchas e interfieran negativamente en nuestra manera de seducir y de construir relaciones.

Estas concepciones desfiguradas de la seducción dan lugar a una serie de comportamientos y creencias que, simplemente, NO funcionan. Y, claro, es muy difícil jugar bien al juego si no te sabes las normas. ¿Te imaginas tratando de ganar una partida de ajedrez sin conocer las reglas? Complicado, ¿no? Si nos ponemos a jugar sin entender el reglamento, nada nos diferenciará de un macaco con un pañal sentado delante de un tablero que lanza una torre contra la pared o trata de limpiarse los dientes con un alfil. Muy gracioso y tal, pero poco útil si de lo que se trata es de ganar la partida.

Afortunadamente, existe un amplio conocimiento científico sobre el funcionamiento del juego que más nos interesa ahora mismo: el de la seducción. Este deporte cuenta con un reglamento propio y tenemos que conocerlo. Así de simple. Pero no te preocupes, este libro tiene el objetivo de acercarte el conocimiento científico sobre la materia, de manera que abandones los mitos y los clichés que te desorientan y te ubiques mejor que con Google Maps.

La doble evaluación

Para entender estas reglas a las que vengo refiriéndome, tengo que mencionar el modelo bidimensional de la atracción interpersonal (MBAI a partir de ahora) de Montoya y Horton, que son sus desarrolladores. No te preocupes por el nombrajo; no muerde y, si le das una golosina de vez en cuando, te ofrece la patita.

Pues bien, según el MBAI hay dos evaluaciones que dan lugar a la atracción interpersonal. Esto es, cada uno de nosotros va «evaluando» consciente e inconscientemente a los demás con relación a dos parámetros fundamentales. Y, dependiendo del resultado de esas evaluaciones, nos sentimos más o menos atraídos por la otra persona.

Estos dos parámetros son:

1. La **capacidad** de la otra persona para facilitar nuestras metas.

2. La **predisposición** de la otra persona para facilitar nuestras metas.

Dos cosas parecidas, pero que no son lo mismo. Vamos por partes y así vemos a qué se refiere exactamente cada una.

Lo primero que evaluamos es **la capacidad**, es decir, cómo de competente me parece la otra persona a la hora de facilitarme mis objetivos.

Si eres una persona que viaja más que Willy Fog con bonobús, sentirás más atracción por personas aventureras que puedan acompañarte y ayudarte a conocer el mundo; si eres una persona familiar, te sentirás más atraído por gente a la que le interese tener descendencia y formar una familia; o, si te gusta el cine, preferirás a alguien que también disfrute viendo una peli iraní de tres horas en versión original. Cosas así.

Como se puede observar, nuestra forma de ser juega un papel central a la hora de determinar lo que encontraremos atractivo.

Cada uno tiene sus gustos, sus valores, sus objetivos y su ideología. Al final, tenderemos a sentirnos atraídos por aquella persona que comparta gran parte de ellos y, por tanto, nos acerque un poquito más a nuestras metas personales. No cualquier cosa nos vale.

A esto es a lo que llamamos que la otra persona sea competente a la hora de facilitar nuestras metas. Si se da el caso, y percibimos que la otra persona es capaz de acercarnos a ellas, sentiremos una sensación de admiración y agrado hacia ella. Este es el primer ingrediente necesario para que surja la atracción: la **admiración**.

Pasemos ahora a la segunda evaluación, que es la que más nos interesa. Aquí lo que prima es **la predisposición** de la otra persona para facilitar nuestras metas. Si en la evaluación anterior lo que explorábamos era si la otra persona es capaz de ayudarnos a lograrlas, aquí examinamos si está dispuesta a hacerlo. Esto es, la voluntad que la otra persona muestra por ayudarnos. O, en otras palabras, el interés que muestra en nosotros.

Si la otra persona demuestra unos niveles adecuados de interés hacia nosotros, esto hace que sintamos que es una persona confiable, cercana y amigable (y, por tanto, que tiene una buena predisposición a prestarnos su ayuda). Bien, pues esta **confianza** es el segundo ingrediente que necesitamos para que surja la atracción. Al fin y al cabo, alguien nos puede parecer muy competente a la hora de facilitar nuestras metas y generarnos mucha admiración, pero, si sentimos que no tiene ningún interés en nosotros, no tendremos demasiadas ganas de acercarnos a ligar con esa persona dado que asumiremos que nos rechazaría.

Para que se entienda mejor, a mí Angelina Jolie me puede generar mucha admiración, por ejemplo. Es exitosa, familiar, filántropa y atractiva, pero ¿está ella predispuesta a facilitarme mis objetivos? ¡Si ni siquiera nos conocemos! Entre nosotros no existe ni confianza, ni cercanía, ni nada que se le parezca. Por eso, aunque me pueda parecer competente para facilitar mis metas, la absoluta ausencia de interés por su parte hace muy difícil que yo un día me levante de la cama y decida embarcarme en el proyecto de seducir a esta señora.

Por el contrario, cuando percibimos que la otra persona tiene una predisposición positiva hacia nosotros, eso nos genera confianza, reduce nuestra expectativa de rechazo y aumenta la probabilidad de que nos aproximemos a ella.

Al mostrar interés en nosotros, la otra persona nos facilita el acercamiento, la iniciativa y la acción, aspectos fundamentales para que el proceso de seducción suceda.

Por eso es muy importante que aprendamos a mostrar interés en la persona que nos atrae, ya que esto facilitará que ella también pueda mostrar interés en nosotros sin miedo a ser rechazada.

Pero, ojo, aquí es preciso hacer un matiz importante. Al contrario que en la primera evaluación, en este caso «más» no es igual a «mejor». Cuanto más competente percibamos a la otra persona, más admiración nos generará y mayor será nuestra atracción por ella, eso desde luego. Sin embargo, con el interés es distinto; un excesivo interés resulta contraproducente. Si vemos que la otra persona se implica en mayor medida que nosotros y supera ampliamente nuestros niveles de interés, la percibiremos como necesitada, desesperada, agobiante..., y eso nos generará rechazo. Nos parecerá menos atractiva.

Como vemos, tanto el exceso de interés como su escasez repercuten negativamente en la aparición de la atracción interpersonal. Demasiado interés abruma y demasiado poco desmotiva. De modo que, cuando hablamos de interés, lo que debemos buscar es el equilibrio. Es decir, que nuestros niveles de interés estén compensados con los de la otra persona, que no haya uno mucho más interesado que el otro. Solo así se podrá desarrollar una atracción natural y sana.

Una vez más, todo esto puede parecer lógico y de sentido común, pero ya veremos que hay mucho más que decir sobre esta segunda evaluación.

No mostrar interés te hace perder oportunidades

Como acabamos de comentar, ver que la otra persona muestra interés en nosotros facilita en gran medida las conductas de aproximación y avance. Ya no sentimos que estamos andando sobre una fina capa de hielo que podría fracturarse en cualquier momento, sino que hay suelo firme bajo nuestros pies. Y eso, además de agradable, llena de confianza. Facilita, en definitiva, que tomemos la iniciativa. Esta iniciativa es un requisito indispensable para que la atracción pueda darse y que la relación avance.

Hay un estudio muy interesante sobre la importancia de estos comportamientos a la hora de ligar en un ambiente lúdico-festivo. Se pusieron cámaras ocultas en un bar para observar el comportamiento de los sujetos y analizar los procesos del cortejo. Se comprobó que las muestras de interés por parte de las mujeres, en forma de miradas y sonrisas, facilitaban las conductas de aproximación de los hombres. De hecho, estos se acercaban más a las mujeres que mostraban interés en ellos que a aquellas que eran percibidas como más atractivas.

Así que, sin temor a equivocarnos, podemos asociar las muestras de interés con el incremento de la probabilidad de que la seducción ocurra. Por eso, es fundamental que aprendamos a tomar la iniciativa y mostrar nuestro interés por las personas que nos atraen.

Cuando la vergüenza, el temor a incomodar, las dudas o el miedo al rechazo te paralizan, estás impidiendo que ocurra la seducción.

Según esta lógica, la primera muestra de interés puede activar un círculo virtuoso muy interesante. Tú empiezas mostrando interés, facilitando así que la otra persona pueda corresponderte y, al ser correspondido, es más fácil que tú muestres más interés en la otra persona, volviendo a ponérselo fácil para que haga lo mismo.

Fíjate que esto va en consonancia con la definición de seducción que vimos anteriormente, según la cual la seducción era un proceso bidireccional, como una especie de baile, en que lo más relevante es nuestra capacidad para tomar la iniciativa de manera habilidosa para facilitar la exploración mutua. En este sentido, las muestras de interés serían invitaciones que facilitan que la danza de la seducción tenga lugar.

Mostrar un interés excesivo (también) te hace perder oportunidades

Acabamos de ver que las muestras de interés son un ingrediente esencial para generar la confianza suficiente para que la seducción se desarrolle con normalidad. Pero, como ya vimos antes, debemos tener cuidado con mostrar un interés excesivo.

Cuando hablamos de un interés excesivo, no quiere decir un interés elevado. La distinción es importante. Tu interés por una persona puede ser altísimo y el interés de esa persona por ti puede serlo también. En este caso, no hay drama. Dos tortolitos muy enamorados. Todo en orden.

Cuando decimos exceso de interés, hablamos en realidad de un interés descompensado. Nos referimos a esa situación en la que tu interés supera ampliamente al de la otra persona, provocando que la busques, la persigas y le vayas detrás (sufriendo más de la cuenta por el camino, como imagino que ya sabes).

Paradójicamente, cuando el interés está descompensado, las muestras de interés tienen el efecto contrario al habitual. En lugar de promover que la otra persona corresponda a tu interés, sucede que acaba aborreciéndote.

Esto ocurre principalmente por tres motivos:

1. **En primer lugar, con un interés excesivo nos cargamos la sensación de reto.**

Imagina que te regalan un libro y te dicen que al final el protagonista fallece. ¿Te leerías ese libro? Muy difícilmente, ¿verdad? Ya te sabes el final, ya no hay incertidumbre y eso provoca que la intensidad emocional de la lectura decrezca.

Lo mismo ocurre cuando mostramos un interés excesivo hacia otra persona: le estamos contando el final del libro. O, peor aún, le estamos pidiendo que lo escriba de su puño y letra. Le estamos diciendo: «A mí me encantas. Ahora, depende de ti lo que pase entre nosotros».

Si mostramos unos niveles de interés tan elevados a una persona que todavía no tiene claro si le gustamos, nos estaremos cargando el reto, la emoción y la incertidumbre que deberían acompañar a cualquier proceso de seducción que se precie.

Nos estaremos colocando a nosotros mismos en el papel de conquistadores, relegando a la otra persona al papel pasivo (y nada estimulante) de conquistada. Al hacer esto, nos situamos como los protagonistas de la historia y convertimos la seducción en un proceso unidireccional (de nosotros hacia ella) en el cual la conquista representa el éxito de nuestras iniciativas y la otra persona ni pincha ni corta. Aburrido, ¿no te parece?

Vamos a ver, que a todos nos gusta gustar. Es más que probable que agrandemos el ego de la otra persona cuando volquemos cantidades ingentes de interés sobre ella. Pero tener a alguien a tus pies sin haber hecho realmente nada no es demasiado satisfactorio. No se puede comparar con lo que se ha conseguido con intención y tiempo.

Es como aquellos profesores que solo aprueban a unos pocos alumnos. La sensación de triunfo y superación al aprobar con el profesor exigente es mucho mayor que al hacerlo con el que te aprueba solo por pasarte por clase y realizar un trabajito ínfimo. ¿Cuál de los profesores prefieres ser, el que va regalando aprobados o el que solo te aprueba si te lo ganas?

La sensación de reto hace de la seducción un proceso mucho más estimulante y satisfactorio, de modo que ser capaz de no regalar tu interés a aquellas personas que no están preparadas para valorarlo será una competencia crucial a la hora de ligar.

2. El segundo problema que surge cuando mostramos un interés excesivo es la sensación de necesidad que transmitimos.

Imagina que vas a una entrevista de trabajo y te pones a rogar por el puesto. No va a funcionar. Cuando te pones a suplicar demuestras tu falta de opciones y no hay ninguna empresa que quiera contratarte en esas condiciones. Y su razonamiento tiene bastante lógica: «¿Por qué íbamos a contratarte nosotros si nadie más quiere hacerlo?».

Ocurre algo muy similar cuando mostramos un interés excesivo por otra persona. Transmitimos necesidad, falta de opciones. Es lo que se conoce como mentalidad de escasez. Cuando tenemos mentalidad de escasez, nos vemos absorbidos por lo que me gusta llamar «el círculo vicioso del recién graduado», ese chaval que no consigue trabajo porque no tiene experiencia y no tiene experiencia porque nadie le da un trabajo.

Pues hay personas que no ligan porque se muestran desesperadas y están desesperadas porque no ligan. Se trata de un círculo vicioso que parece difícil de romper, pero no lo es tanto. Al contrario que en el caso del trabajo, que es necesario para sobrevivir, en el terreno afectivo-sexual no hay una urgencia real por conseguir resultados. Puede haber escasez sin que exista necesidad, porque la vida no depende de ligar cuanto antes. La premura, en este caso, la estaríamos creando nosotros en nuestra mente. Y es esa urgencia, esa necesidad, la que hace que nuestro interés se dispare y se desequilibre con respecto al de la otra persona. Ahí empiezan los problemas.

Por ello, si modificamos nuestros objetivos y dejamos de centrarnos en conseguir resultados (su número de teléfono, una cita, un beso, sexo, una relación, etc.) para centrarnos en conocernos el uno al otro y ver cómo nos sentimos con la otra persona, la urgencia desaparece. Cuando la necesidad se disipa, ya no nos relacionamos con las personas que nos gustan para conseguir un resultado, sino para descubrir si somos compatibles, y eso lo conseguiremos independientemente del resultado, simplemente con la interacción.

Adoptando este punto de vista, evitaremos instrumentalizar a las personas que nos atraen y empezaremos a humanizarlas. Dejaremos de convertirlas en metas y comenzaremos a ver cada interacción como una oportunidad para desarrollar nuestras habilidades sociales y, quizá, conocer a alguien que pueda llegar a ser importante en nuestra vida. Y ahí está el verdadero valor de cada interacción. Tenemos que olvidarnos de pescar el pez y concentrarnos en disfrutar de la pesca. Así nunca nos faltará pescado.

3. **El último problema que surge ante un interés desequilibrado es la falta de empatía que podemos llegar a mostrar.**
Recuerdo un paciente que me enseñó una conversación de WhatsApp que estaba manteniendo con una chica que había conocido por la calle ese mismo día. Él me pedía ayuda para sacar adelante una cita con ella. Tras el saludo y un par de comentarios, la conversación fue así (los nombres son inventados para mantener la privacidad):

LUCAS: Por cierto, ¿para cuándo ese café?
ALICIA: Pues esta semana la tengo bastante liada. Pero me comentaste que dentro de dos semanas ibas a ir a ver el programa de David Broncano, ¿no?
LUCAS: ¡Exacto!
ALICIA: ¿Pues qué te parece si voy con una amiga y nos tomamos algo después?

LUCAS: ¡Perfecto! ¿Pero no tienes un hueco para tomar algo antes tú y yo a solas?

Es importante entender que la alternativa que ella plantea deja entrever que todavía no se siente lo suficientemente cómoda como para tener una cita a solas con un chico que ha conocido en la calle y con el que solo ha hablado diez minutos. No obstante, también vemos que Alicia tiene interés en conocer a Lucas, y lo demuestra buscando una alternativa con la que ella se pueda sentir cómoda y les permita tratarse. Sin embargo, él insiste en quedar a solas, ignorando los deseos de Alicia.

Es fundamental aprender a respetar los ritmos de la otra persona por encima de la conquista.

O, dicho de otro modo, es importante «erotizar el deseo». Debemos anteponer la reciprocidad y el consenso a la consecución inmediata de nuestros propios anhelos.

Al final, la única manera de sentirse atractivo de verdad es trascendiendo la necesidad por el resultado y erotizando el deseo. ¿Por qué digo esto? Porque he visto a personas ligar con mentiras, mediante la insistencia más cargante, o recurriendo a pesadas máscaras que se acaban cayendo por su propio peso. Todo por obtener cuanto antes un número de teléfono, una cita, sexo, etc. Pero no conozco a nadie que se haya sentido realmente atractivo ligando de esta manera. Y es que es muy complicado sentirte atractivo cuando ignoras los deseos reales de la otra persona para imponer los tuyos. Cuando le mientes, la manipulas o la presionas para obtener lo que tú quieres. Puede ser que lo consigas, pero en tu fuero interno sabrás que no has sido correspondido.

Cuando vamos en busca del resultado a la desesperada, olvidamos que lo más importante es la reciprocidad. Nuestro objetivo no es conseguir una cita, un número de teléfono o un revolcón. Lo que de verdad nos hace sentir atractivos es que nos dé su número y después mire la pantalla de nuestro móvil para asegurarse de que lo hemos apuntado bien. Lo que nos hace sentir atractivos no es echar un polvo, sino ver en los ojos de la otra persona que se está muriendo de ganas de meternos en su cama. A esto es a lo que me refiero cuando hablo de «erotizar el deseo»; anteponer el deseo mutuo al resultado concreto.

Cuando la vergüenza, el temor
a incomodar, las dudas o el
miedo al rechazo te paralizan,
estás impidiendo que ocurra
la seducción.

Es fundamental aprender a
respetar los ritmos de la otra
persona por encima de la
conquista.

Y la única forma de conseguir esto es aprendiendo a escuchar y respetar las necesidades y los ritmos de la otra persona. Cuando imponemos nuestros niveles de interés a los demás, estamos haciendo gala de una absoluta falta de empatía, lo cual resulta de todo menos atractivo.

Recuerda: «**No quieres nada que la otra persona no quiera darte**».

Balanza del interés

Resumiendo un poco todo lo anterior, entendemos que el exceso y el defecto de interés juegan en nuestra contra e impiden que la seducción pueda ocurrir.

Cuando nos pasamos de rosca y mostramos demasiado interés, ya sabemos lo que pasa. Nos cargamos el reto, transmitimos desesperación y mostramos cero empatía. Por supuesto, esto genera un desequilibrio de interés tremendo que, como hemos visto, nos resta muchísimo atractivo.

Cuando no somos capaces de mostrar interés, nos presentamos como personas hurañas y distantes. Esto provoca que los demás nos vean inaccesibles y ni tan siquiera intenten acercarse a nosotros por miedo a ser brutalmente rechazados. La solución es evidente: lo que queremos conseguir es que nuestros niveles de interés estén compensados con los de la otra persona. No hay otra. Y esto es lo que se conoce como el equilibrio de interés.

Imagina una balanza. En un plato está el interés que tú muestras por alguien y en el otro el que ese alguien muestra por ti. Lo ideal para que la seducción pueda transcurrir adecuadamente sería mantener esta balanza bien equilibrada.

Es posible que ahora mismo esto te suene demasiado abstracto, o quizá muy teórico y poco práctico. No importa, vamos a ir viéndolo paso a paso.

Las tres competencias

Llegados a este punto, lo realmente importante ahora es que sepas que existen tres competencias fundamentales para dominar la balanza del interés.

1. Debes ser capaz de **leer los niveles de interés de la otra persona**. Es decir, tienes que saber identificar cuánto peso está poniendo la otra persona en su lado de la balanza.

2. También debes ser capaz de **mostrar interés** para que la relación avance. O, siguiendo con esta metáfora, debes intentar poner peso en tu lado de la balanza sin provocar un desequilibrio irreversible.

3. Por último, debes ser capaz de **regular tus niveles de interés** para que no esté descompensado con respecto al de la otra persona. Es decir, que no te encapriches con alguien ni te obsesiones cuando no te correspondan con tu mismo interés.

1. Identificar los niveles de interés

Empecemos identificando los niveles de interés de otra persona. Muy bien, perfecto, pero... y eso ¿cómo demonios se hace?

Lo primero que tenemos que saber es que, en general, identificar los niveles de interés de los demás se nos suele dar regular, principalmente por dos motivos.

En primer lugar, nos encontramos con el **sesgo de confirmación**. Se trata de un proceso psicológico por el cual tendemos a interpretar la realidad de manera distorsionada para que case con nuestras creencias más profundas. Por ejemplo, si pienso que soy poco atractivo, cuando otra persona muestra interés por mí tenderé a malinterpretarlo, y pensaré que en realidad es un intento de la otra persona por ser simpática, que se comporta así con todo el mundo, que es consecuencia de haber ingerido alcohol o cualquier otra explicación que me permita seguir pensando que soy poco atractivo.

El caso es que el sesgo de confirmación hará que interprete la información del entorno de manera consistente con la idea que yo ya tengo, confirmando así mis creencias, por erróneas que sean y por mucho que nos hagan sufrir.

En segundo lugar, nos encontramos con la **falta de autoestima**. Muchos estudios demuestran que las personas con baja autoestima tienden de manera exagerada a protegerse de potenciales peligros, y por eso tratan de evitar cualquier situación o reto que pueda resultar en un fracaso o rechazo.

De hecho, se ha demostrado que las personas con baja autoestima tienden a malinterpretar las expresiones faciales de otras personas, hasta el punto de que pueden llegar a ver desaprobación y rechazo en expresiones neutras o incluso positivas. En realidad, se trata de un mecanismo de defensa que los disuade de tomar la iniciativa y acercarse a otras personas, protegiéndose así frente a un posible rechazo.

Lo sé, me estoy dedicando a señalar problemas por todas partes igual que el tipo ese de History Channel, el del pelo raro que ve aliens por todas partes. Si no sabes a quién me refiero, te recomiendo que un día te des una vuelta por el canal. Lo reconocerás enseguida. Pero ahora traigo las soluciones a estos problemas que se nos plantean para identificar el interés de los demás.

Primero de todo, reforzar nuestra autoestima. Es algo en lo que profundizaremos más adelante; de momento me basta con que sepas que **una persona con una autoestima debilitada será más sensible al rechazo**. Esto provoca que lo anticipemos antes de que ocurra y que su impacto emocional sea mucho mayor. Así, sufrimos más ANTES de ser rechazados (por la expectativa inflada de que suceda) y DESPUÉS de recibirlo (por el desbarajuste emocional que provoca).

En segundo lugar, mejorar nuestras habilidades sociales. Con ello empezaremos a tener interacciones más exitosas y, por lo tanto, romperemos con creencias que nos pueden estar lastrando. De esto también hablaremos largo y tendido más adelante. De hecho, he dedicado todo un apartado a las habilidades sociales.

En tercer y último lugar, contamos con una herramienta que nos ayudará a evaluar con precisión los niveles de interés de otras personas: el tablón policial.

El tablón policial

Todos hemos visto esos thrillers policiacos en los que los detectives llenan toda una pared con recortes de periódicos interconectados entre sí que, al final de la película, los acaban llevando hasta el asesino. Esta superficie de corcho plagada de fotos, pistas y pruebas es lo que se conoce como tablón policial y, aunque no te lo creas, también nos servirá para resolver el misterio de si le gustas o no a esa persona.

Vamos a crear nuestro propio tablón policial. Pero, en vez de recortes de periódico, iremos reuniendo las muestras de interés de la otra persona hacia nosotros. Tampoco hace falta tener un tablón en sí, ni ocupar toda una pared, con el bloc de notas del móvil nos vale. La idea detrás del tablón policial es obtener una visión global del comportamiento de la otra persona, de manera que nos sea más sencillo saber si le gustamos.

Uno de los errores más comunes a la hora de evaluar el interés de alguien es la polarización, es decir, irnos a los extremos.

De este modo, si observo una muestra de interés, inmediatamente me hago ilusiones y empiezo a imaginar que nuestra relación avanza rápidamente. Por el contrario, si la muestra es de desinterés, me vengo abajo y tiro la toalla.

Pero, normalmente, el interés no es una variable binaria de todo o nada, sino que funciona de manera progresiva. La pregunta no debería ser «¿le gusto o no le gusto?», sino «¿cuánto le gusto?». En este sentido, el tablón policial nos ayuda a interpretar el comportamiento de la otra persona de una manera más objetiva para así poder captar los matices que nos permitirán conocer sus niveles exactos de interés.

Siguiendo con la metáfora detectivesca, imaginemos que en la escena de un crimen aparecen unos cristales rotos. Esta información, por sí sola, podría hacernos pensar que uno de esos cristales fue empleado como arma homicida. Sin embargo, gracias a la recopilación del resto de las pruebas, podemos descubrir que, en realidad, esos cristales indican que hubo un forcejeo o que el asesino huyó por la ventana. Fíjate que los cristales rotos no son interpretados aisladamente, sino que adquieren significado cuando los interconectamos con el resto de las pistas.

Bien, pues a la hora de ligar pasa exactamente lo mismo.

Un comportamiento concreto puede tener multitud de significados si se interpreta aisladamente, y solo podremos conocer la verdad si lo interrelacionamos con otras conductas y actitudes.

Para verlo con mayor claridad, te voy a contar la historia de Juan e Isabel. Juan conoció a Isabel por la calle. La vio, le gustó y se acercó a hablar con ella. Después de hablar un rato, intercambiaron los teléfonos y acordaron tomarse un café juntos. Quedaron un par de días después, pero él la notó algo fría, muy racional, distante. Juan pensó que la cita no había ido bien, que quizá no le había gustado, y decidió dejar de escribirle. Sin embargo, Isabel lo hizo pasados unos días para decirle que iba a ir a ver el monólogo de Eva Soriano con una amiga y preguntándole si le gustaría apuntarse. Juan accedió y apareció por allí, aunque algo tarde y apenas hablaron, simplemente se sentó junto a ella y empezó a ver el show. Pasados unos minutos, pese a que al monólogo no había terminado aún, ella se levantó para ir a fumar y él decidió acompañarla. Salieron y empezaron a charlar.

Juan aún no tenía claro si le estaba gustando a Isabel, porque ella seguía pareciendo incómoda en su compañía, y decidió fijarse en el comportamiento de ella una vez que terminara el cigarro. ¿Querría quedarse un rato más hablando con él o volvería a entrar tan pronto se lo hubiera fumado? Cuando llegó el momento, ella se quedó hablando tranquilamente con Juan. De hecho, se empezó a liar otro cigarrillo. Juan, confundido, decidió apostarlo todo al rojo y se lanzó a darle un beso a Isabel, y ella le correspondió y se besaron.

Ahora, analicemos esta interacción desde la perspectiva de Juan empleando el tablón policial (pipa en mano y con una gorra *deerstalker* al más puro estilo Sherlock Holmes):

1.° Isabel muestra interés quedándose a hablar con Juan cuando él la para por la calle.

2.° Isabel muestra interés cuando decide intercambiar los teléfonos.

3.° Isabel muestra interés cuando se anima a tener una cita con Juan.

4.° Isabel se muestra fría en la cita y esto puede ser por dos causas: *a)* que no le esté gustando Juan, o *b)* que esté nerviosa porque él le gusta y quiera causar una buena impresión. Como en el ejemplo de los cristales rotos en la escena del crimen, de momento no podemos saber la causa exacta, así que es mejor que no saquemos conclusiones hasta que tengamos más información.

5.° Isabel muestra interés proponiendo el plan del monólogo a Juan. Aunque no sea una cita a solas, Isabel quiere volver a verle.

6.° Cuando salen a fumar, Isabel sigue tensa, pero muestra interés al quedarse con Juan una vez terminado el cigarro. Isabel ha pagado el monólogo y, además, su amiga está sola dentro. Pese a ello, decide quedarse charlando con Juan y, de hecho, se dispone a fumar otro cigarro para alargar ese momento.

7.° Finalmente, Isabel muestra interés correspondiendo al beso de Juan.

Si Juan hubiera hecho el tablón policial, se hubiera dado cuenta rápidamente de que, en este caso, la actitud que Isabel mostraba cuando charlaban era fruto de su atracción, y no de su indiferencia. Juan le imponía bastante y eso provocaba en ella cierta timidez. Lejos de ser una muestra de desinterés, la frialdad de Isabel era otra prueba de lo mucho que Juan le gustaba. Pero, por supuesto, esto solo se puede ver con claridad si se observa el comportamiento de Isabel de manera global. Al fin y al cabo, había muchísimas muestras de interés a favor de Juan.

Como se puede ver en este ejemplo, nuestra capacidad para analizar las muestras de interés de las personas que nos atraen nos permite evaluar la situación más eficazmente.

¿Y cómo sé yo qué comportamientos me ayudan a evaluar el interés de la otra persona? No te preocupes, porque a continuación tienes una serie de muestras de interés que nos permitirán detectarlo con facilidad. Si encontramos alguna de ellas, será un magnífico indicador de que vamos por el buen camino.

Y, como ya te habrás dado cuenta de que me gusta estructurarlo todo (manías mías, qué le vamos a hacer), vamos a diferenciar hasta tres categorías para clasificar estas muestras de interés. Serían las siguientes: **promover el contacto**, que son acciones cuyo objetivo principal consiste en ayudarnos a establecer comunicación con la persona que nos atrae; **promover el confort**, aquellos comportamientos que buscan provocar que la otra persona se sienta cómoda a nuestro lado; y **promover la atracción**, que, bueno, te puedes imaginar lo que pretenden.

Empecemos.

Promover el contacto

1. Miradas furtivas

A todo el mundo le ha pasado. Ves a una persona que te gusta en el autobús, en el trabajo, a la salida del cole de tu hijo o en un bar. Acto seguido, te encuentras haciendo un esfuerzo por retirar la mirada, pero te cuesta porque te apetece mirarla. Es como si tu mirada hubiera quedado imantada a esa persona y, por más que intentas retirarla para que no se note demasiado que te ha gustado, tus ojos vuelven hacia ella una y otra vez. Cuando ves que la mirada de otra persona se cruza a menudo con la tuya, existe la posibilidad de que esté experimentando la misma sensación contigo. Según mi experiencia, esta es una de las mayores muestras de interés que hay. De hecho, no he presenciado ni una sola ocasión en la que el acercamiento fracase tras la existencia de estas miradas.

2. Orientación corporal

Cuando estás hablando con una persona y quieres irte, es muy probable que tu lenguaje no verbal te delate. Lo normal es orientarnos hacia la dirección que queremos tomar. Por el contrario, cuando estamos a gusto con alguien, seguramente giremos todo nuestro cuerpo hacia esa persona. Tomar nota de estos detalles puede ser especialmente interesante cuando nos acercamos a alguien que nos atrae, puesto que nos permite saber cuán receptiva está esa persona a la interacción que acaba de iniciarse. Así que fíjate bien.

3. Buscar proximidad

Te montas en el tren y hay dos asientos libres. Uno de ellos está al lado de un señor mayor y el otro junto a una persona que te resulta atractiva. ¿Dónde te sientas? Normalmente escogeremos el situado al lado de esa persona que nos resulta atractiva (a menos que seamos muy tímidos, lo cual no deja de ser un problema), porque ¿quién sabe lo que puede pasar? Esta búsqueda de proximidad puede ocurrir también a la hora de escoger asiento en una comida de empresa, en un bar, en una discoteca o mientras bailas bachata. En cualquier caso, cuando veas que una persona tiende a estar cerca de ti constantemente, puedes empezar a sospechar que, quizá, estás llamando su atención.

4. Compartir tiempo

Pasar tiempo con una persona es una de las muestras más claras de interés que existen. Nuestro tiempo es finito y valioso. A nadie le gusta perderlo, por lo que no tendemos a invertirlo en actividades que no nos aportan nada en absoluto. Ni quedamos con personas que no nos interesan, ni nos pasamos horas escribiéndonos con ellas. De este modo, cuando te estás escribiendo o te estás viendo con alguien, esa persona está mostrando su interés por ti y tú por ella. Y sí, lo sé, parece evidente, pero es una de las muestras de interés que más a menudo pasan desapercibidas.

5. Iniciar conversaciones

Seducir a alguien sin hablar es muy complicado. No imposible, pero sí improbable al menos. Y es por ello por lo que tendemos a buscar el diálogo con esas personas que nos gustan, ya sea en persona o por escrito. Si en tu entorno hay alguien que suele tomar la iniciativa a la hora de iniciar conversaciones contigo, hay motivos para ser optimistas.

6. **Alargar conversaciones**

Estás escribiéndote con una persona que te gusta, pero notas que la conversación decae e, inmediatamente, tratas de intervenir con una pregunta o sacando un nuevo tema que te ayude a prolongar la interacción. Esto es algo que todos hemos hecho para evitar que la conversación se termine y, evidentemente, es otra muestra de interés. Si ves que la otra persona trata de alimentar la comunicación e impedir que esta muera, buena señal.

7. **Proponer planes**

Te acuerdas de Juan, ¿verdad? Isabel le había informado sobre los planes que tenía ese fin de semana con una amiga y le había invitado a que se uniera. No era una cita como tal, pero no dejaba de ser una clara prueba de que Isabel quería pasar más tiempo con Juan y seguir conociéndole. Seamos conscientes de que el simple hecho de que te propongan un plan ya demuestra un deseo por parte de la otra persona de compartir tiempo contigo y, por tanto, representa una muestra de interés. Bastante importante, además.

8. **Buscar intimidad**

Y si estos planes que te propone esa persona, además, son a solas, mejor que mejor. Uno de los ingredientes necesarios para que se dé la seducción es, sin duda, la intimidad. Y es que, por lo que sea, cuando ligamos no nos gusta sentirnos observados. Por eso, si alguien promueve activamente que os quedéis a solas, ya sea pidiéndote que le acompañes a pedir una copa, prestándose a echarte una mano escogiendo una camisa o invitándote a ver una película en su casa, está buscando intimidad. Y, si estabas buscando una señal, la acabas de encontrar. Está en letras mayúsculas de cuatro metros con luces led y dice WELCOME.

Promover el confort

1. **Risa**

Puede extrañarte, pero parte de mi trabajo consiste en analizar las conversaciones de WhatsApp de algunos pacientes para ver cómo pueden mejorar sus interacciones con la gente que les atrae. Inevitablemente, he observado que la frecuencia con la que la otra persona escribe «Jajajaja» correlaciona positivamente con los niveles de atracción que experimenta. Y es que **la risa es una forma de coqueteo**, tanto en persona como virtualmente. Al final, no deja de ser una manera de agradar a la otra persona indicando que nos lo pasamos bien con ella y de aliviar tensión dentro de una interacción (lo cual demuestra que nos sentimos un poco nerviosos delante de la otra persona).

2. Cumplidos

Antes de incluir esto, me he preguntado si no es demasiado evidente como para que figure en esta lista. Porque que una persona identifique en ti una cualidad que le gusta y se atreva a expresártela demuestra interés, no es ningún secreto. Especialmente si se trata de algo físico, dado que en este caso es más probable que estemos hablando de una atracción sexual.

3. Generosidad

Una vez más, esto es tan evidente que parece de Perogrullo, pero a veces estamos ciegos ante lo que tenemos a simple vista, así que lo expongo de todas formas. Ser altruista con alguien podría ser considerado como una forma de mostrar interés. Al final, todos sabemos que la generosidad genera reciprocidad, de modo que cuando eres generoso con otra persona facilitas que ella también lo sea contigo.

Por supuesto, como hemos visto al hablar sobre la balanza del interés, una generosidad desmedida e injustificada puede dar la sensación de desesperación y generar el efecto contrario.

En cualquier caso, si ves que esa persona está siendo muy generosa contigo sin razón aparente, es probable que le hagas tilín.

4. Mostrar curiosidad

Por regla general, sentimos curiosidad hacia la gente que nos atrae. Queremos saber más sobre esas personas, probablemente para seguir conociéndolas y ver hasta qué punto nos gustan. Y al contrario sucede lo mismo: si estás hablando con una persona que te gusta y no te hace ni una sola pregunta sobre ti, mal asunto. Sin duda, que la otra persona muestre interés en conocer tus opiniones, gustos, valores y estilo de vida es una clara muestra de interés.

5. Buscar similitudes

Las semejanzas generan atracción. Mucha gente es consciente de ello y, cuando observa una similitud con una persona que le atrae, la saca a relucir. Cuando veas que alguien destaca aquello que compartís y te diga cosas como «anda, yo también escucho a los Strokes», o «qué casualidad, yo también veraneé de niño en Boiro», o «¿en serio?, llevo pintando Marines Espaciales desde que tengo catorce años», es probable que esa persona quiera darte una impresión positiva y generar esa sensación de vínculo. Sobre todo, la de los Marines Espaciales.

Promover la atracción

1. Señales de acicalamiento

Llegas tarde a una reunión y estás a punto de entrar en la sala donde se celebra. Sabes que, cuando abras la puerta, todo el mundo se girará y te mirará, por lo que decides colocarte bien la camisa y retocarte el peinado antes entrar. Como queremos que todos vean nuestra mejor versión, nos acicalamos. Es lo mismo que pasa cuando tratamos con quienes nos atraen. Por eso, cuando una persona acude muy arreglada a un encuentro contigo, o veas que tiende a mirarse con frecuencia al espejo para comprobar su apariencia, puedes inferir que quiere ofrecerte su mejor imagen y, por tanto, desea gustarte.

2. Hablar bien de uno mismo

Cuando observes que una persona está hablando de sí misma como si se estuviera vendiendo o promocionando, presumiendo de todas sus proezas y fortalezas, está claro que pretende impresionarte. Al igual que ocurre con las señales de acicalamiento, está intentando ofrecerte su mejor imagen (pero esta vez no se trata de la apariencia física, sino de la personalidad). Y esto es una muestra de interés como una casa de tres plantas y balcones a la calle.

3. Contacto físico

Lo normal es que no nos sintamos cómodos al establecer contacto físico con personas que no nos atraen. Aunque existen diferencias individuales (y culturales) y hay quienes establecen más contacto que otros, el respeto por el espacio personal de los demás es una convención social que todo el mundo suele respetar. De este modo, podemos concluir que, si una persona se siente cómoda estableciendo contacto físico con nosotros, es probable que exista interés sexual. Aunque esto también depende del tipo de contacto físico del que estemos hablando. Si te da un par de besos como forma de saludo o te agarra del brazo para tirar de ti y evitar así que te atropelle el camión de reparto de Amazon, tampoco hay que venirse arriba. Sin embargo, rodear con el brazo la cadera o los hombros de la otra persona, poner la mano sobre su regazo o darle un puñetazo suavecito en el hombro al mismo tiempo que se dice entre risitas aquello de «¡ay, qué bobo eres!, ¡siempre igual!» pueden ser comportamientos que denoten interés. Y bastante, de hecho.

4. Coqueteo

Con esto me refiero a esas conductas que evitan la racionalidad excesiva en la interacción y que hacen que la conversación sea más excitante; es el clásico tonteo. Me refiero a cosas como emplear el sentido del humor con frecuencia, bromear sobre uno mismo, meterse un poco con la otra persona, buscar dobles sentidos, hacerse de rogar, dedicar una sonrisilla pícara de medio lado, lanzar miraditas o guiños, etc. Básicamente, todos aquellos comportamientos, verbales y no verbales, que hacen que la conversación sea más divertida y estimulante. De hecho, el coqueteo es tan importante en la seducción que más adelante profundizaré sobre este tema.

5. Hablar sobre sexo

Los humanos somos muy curiosos. Y es que el número de personas con las que nos sentimos cómodos hablando sobre sexo es muy reducido. Suele limitarse a personas con las que tenemos mucha (muchísima) amistad y a personas que nos atraen. No solemos hablar abiertamente con cualquiera sobre eyaculaciones, orgasmos, masturbación o juguetes sexuales, ¿verdad? Fíjate, acabo de hacerlo y esto ha provocado en ti una reacción (incómoda, que te estoy viendo la cara) pese a que solo lo has leído sobre una página.

Nos ocurre que al hablar de sexo solemos imaginar a la otra persona en plena faena y, bueno, la verdad es que no suele apetecer tener este tipo de pensamientos sobre cualquiera.

Por lo tanto, hablar sobre sexo con alguien con quien no mantenemos una estrecha relación de amistad suele ser un claro indicio de interés sexual.

Al final, significa que la otra persona se siente cómoda permitiendo que nos la imaginemos en su más excitante intimidad, y viceversa.

El trabajo con el tablón

Ahora que ya sabes qué comportamientos deberías estar buscando en la otra persona para ir rellenando el tablón, hay que aprender a utilizarlo. Al principio, te recomiendo que vayas anotando todas las muestras de interés y desinterés de la otra persona en tu bloc de notas (como hicimos con el ejemplo de Juan e Isabel).

Por supuesto, el objetivo último es que seas capaz de evaluar el interés de la otra persona sin necesidad de ir tomando notas. Sin embargo, si sueles tener dificultades para reconocer el interés en otras personas, ir anotando estos comportamientos te dará muchísima claridad y te permitirá que lo vayas automatizando hasta convertirlo en un proceso inconsciente.

Hay que recordar que estos comportamientos, por sí solos, no tienen por qué indicar un interés elevado. Es la variedad de esos comportamientos y su frecuencia lo que nos puede ayudar a reconocer los niveles de interés de la otra persona. Por ejemplo, que alguien alargue conversaciones con nosotros no tiene por qué significar nada. Sin embargo, si alarga conversaciones, siente comodidad estableciendo contacto físico, nos hace algún cumplido de vez en cuando y muestra generosidad con nosotros, ahí ya podemos empezar a entrever una buena dosis de interés por su parte.

Y es que la variedad de comportamientos y su frecuencia son los criterios clave a tener en cuenta. Por eso mismo, debemos añadir al tablón cada muestra de interés que veamos por parte de la otra persona, para ser conscientes, no solo de que están ahí, sino de cuán a menudo suceden. Una vez que hayamos analizado todas las señales, solo tendremos que hacer un ejercicio de empatía para identificar sus niveles exactos de interés. Para ello, solo hay que hacerse la siguiente pregunta: «¿Cuál debería ser mi nivel de interés por otra persona para tener estos mismos comportamientos con ella?». Por simple que parezca, esta pregunta te permitirá detectar con mucha precisión el nivel de interés que tiene en ti.

Recuerda que el interés no es un todo o nada. Hay grados. Que no se haya enamorado de ti no quiere decir que no tenga nada de interés. ¡Ah! Y no olvides tampoco que el interés es una variable dinámica. Es decir, puede subir o bajar a medida que pasáis tiempo juntos (o separados, claro). Que el interés fijo ya no te lo dan ni los bancos.

Y ya está, tampoco hace falta leer mentes. Tu tablón policial y un poco de empatía. No es tan complicado. De este modo, utilizando el tablón aprenderemos a identificar los momentos en los que la balanza está equilibrada o desequilibrada. Seremos capaces de ver cuándo tenemos que mostrar interés para que la relación avance y cuándo debemos dar un paso atrás para que la balanza se vuelva a compensar.

2. La habilidad para mostrar interés

Como ya hemos visto, la habilidad para identificar el interés de la otra persona nos ayuda a saber cuánto peso está poniendo en su lado de la balanza. Si yo no tuviera ninguna referencia de cuánto peso está poniendo la otra persona, difícilmente podría encontrar un equilibrio.

Siguiendo con esta metáfora, la habilidad para expresar interés nos ayuda a depositar en nuestro lado de la balanza el peso necesario para mantener un equilibrio adecuado con la otra persona. Nuestro objetivo es poner el peso justo, dado que, como hemos visto, tanto el exceso como el defecto de interés jugarán en nuestra contra en el proceso de seducción.

Pero esto tiene trampa, porque **un equilibrio perfecto también puede ser un problema**. Por ejemplo, al principio, cuando dos personas se encuentran por primera vez y todavía no ha habido ningún acercamiento, la balanza está en perfecto equilibrio. Pero, claro, está en punto muerto, nadie ha mostrado ningún tipo de interés y aquí no pasa absolutamente nada. Es necesario que alguno de los dos dé algún pequeño paso adelante y desequilibre ligeramente la balanza para que comience el proceso de seducción. Un poco contraintuitivo pero lógico, por otra parte.

Así que, si quiero ligar con esa chica de las clases de cocina con la que apenas he hablado, tengo que tomar algún tipo de iniciativa, desequilibrando así la balanza. Pero, calma, no pasa nada porque haya este pequeño desequilibrio. Lo importante es que no sea demasiado pronunciado. Por supuesto, no me acercaré a decirle si quiere ser mi novia, ya que eso supondría una importante descompensación de la balanza (y ya hemos visto que eso no suele salir bien).

En su lugar, tendría más sentido que me acercara a ella e iniciara una conversación casual. Que cómo hace para que no se le vaya la mano con la sal, que qué dominio con el rodillo de amasar, que a qué platos les echa el perejil. Sí, la cocina da mucho juego.

Al iniciar la conversación, estoy generando un pequeño desequilibrio en la balanza, dado que estoy mostrando interés por interactuar con ella. Evidentemente, es un desequilibrio muy sutil y en ningún caso se traducirá en una descompensación irreversible. En el momento en que ella me contesta, se está reequilibrando la balanza. Yo muestro interés en ella iniciando la conversación y ella me lo devuelve continuándola. Por supuesto, sus respuestas me darán mucha información sobre sus niveles exactos de interés. No es lo mismo que conteste con monosílabos y de manera cortante a que lo haga de manera locuaz, afable y risueña.

Supongamos que mi compi de cocina me contesta de una manera cercana, correspondiendo a la muestra de interés que le acabo de dedicar, compensando así la balanza. El equilibrio de interés quedaría restablecido, con la diferencia de que ahora hablamos entre nosotros cada vez que nos vemos en clase y antes no. Es decir, he conseguido que la relación avance sin provocar desequilibrios preocupantes en nuestra balanza.

Cada vez que una de las partes genera un pequeño desequilibrio y la otra persona le corresponde, se reequilibra la balanza y la relación avanza un poquito en la dirección deseada.

Pero es preciso ir con cuidado, porque si queremos que la seducción se produzca es importante que volvamos a romper, sutilmente, ese equilibrio. Si dejamos las cosas como están, la relación no avanza. Y yo, como aprendiz de cocinero atraído por mi compañera, quiero que lleguemos a algo más que a compartir recetas.

Tampoco es necesario que rompas el equilibrio de la balanza constantemente, tan pronto como la otra persona corresponda a tu muestra de interés. Lo suyo es que permitas que la balanza permanezca en equilibrio un tiempo, antes de que una nueva muestra de interés vuelva a romperlo. Esto te permite comprobar que, efectivamente, la otra persona está correspondiendo adecuadamente a tus niveles de interés.

El asunto es el siguiente. Cuando existe un equilibrio de interés sostenido en el tiempo, normalmente llega un momento en el que ambos estáis preparados para que la relación avance un poco más. Ese periodo en el que ambos aceptaríais un avance por parte del otro es lo que conocemos como la **ventana de oportunidad**. Si intentas avanzar antes de que esta se abra, te comes un rechazo con patatas y alcachofas. Has tratado de avanzar demasiado rápido, sin leer adecuadamente el interés de la otra persona, y te has estampado contra la ventana cerrada.

Pero también puede pasar lo contrario. Si la dejas abierta durante demasiado tiempo y ninguno de los dos manifiesta alguna muestra de interés que permita que la relación avance, la interacción se vuelve cada vez menos estimulante y la ventana de oportunidad se vuelve a cerrar, impidiendo que la relación progrese.

Esto ocurrió mucho en pandemia, por ejemplo. Dos personas se conocen por Tinder, conectan y empiezan a charlar. Tienen bastante tiempo libre, así que pasan bastantes horas escribiéndose y conociéndose por chat. Pero, claro, no se puede salir de casa, estamos en cuarentena. ¿Qué pasa entonces? Pues que la relación no puede avanzar. A pesar de que la ventana de oportunidad está abierta y ambos estarían encantados de llevar la relación al siguiente nivel y tener su primera cita, las circunstancias lo impiden. Poco a poco, las interacciones se vuelven monótonas y los temas de conversación se acaban. La comunicación va apagándose, el interés va decayendo y la ventana de oportunidad se vuelve a cerrar. Esas brasas nunca llegarán a convertirse en llama.

Aunque en este ejemplo existían una serie de circunstancias externas que imposibilitaban que la relación avanzara, normalmente el impedimento viene de dentro. Si la ventana de oportunidad se abre pero no te atreves o no sabes cómo mostrar interés por la otra persona, lo más probable es que la relación se estanque. Y, o bien la otra persona acaba desapareciendo de tu vida, o bien os acabáis convirtiendo en amigos, pero nada más. ¡Déjame darte la bienvenida a la *Friendzone*! Ese lugar que tanto odias, pero al que accedes por tu propio pie.

Ser capaces de mostrar interés cuando la ventana de oportunidad se abre es clave para poder imprimir dirección a nuestras relaciones.

Así, la habilidad para hacer aterrizar tus muestras de interés en el momento indicado es una competencia fundamental en este proceso.

Evidentemente, dependiendo del punto exacto de la seducción en el que nos encontremos, las muestras de interés serán diferentes. Si no conocemos a la otra persona, bastará con iniciar una conversación. Si ya solemos mantenerlas, trataremos de coquetear con ella. Si la otra persona ya flirtea con nosotros, entonces podemos buscar un ambiente más íntimo donde podamos hablar a solas (proponiendo una cita, por ejemplo). Si ya estamos a gusto en la intimidad, podemos probar a establecer contacto físico. Si la otra persona se siente cómoda manteniendo contacto físico, puedes lanzarte a por el beso. Y, si ya os estáis besando, puedes invitarla a ver Netflix en tu casa... *Yatusabe.*

La idea es evaluar la situación y escoger aquella muestra de interés que nos permita generar un pequeño desequilibrio, sin pasarnos de frenada. Para mayor claridad, hagamos un pequeño resumen del proceso completo, paso a paso:

1. Generamos un pequeño desequilibrio con una muestra de interés (que, como acabamos de ver, dependerá del momento de la relación en el que nos encontremos).

2. Observamos si la otra persona reequilibra la balanza devolviendo unos niveles similares de interés.

   • Si no reequilibra, toca reposicionarse donde estábamos y esperar para volver a provocar un nuevo desequilibrio más adelante (si vemos que no nos corresponde tras un par de intentos, aquí no es).

   • Si reequilibra, toca mantenerse un tiempo sin desequilibrios para confirmar que nos estabilizamos en el nuevo nivel adecuadamente.

3. Una vez estabilizados en este nuevo nivel, cuando percibamos que se abre la ventana de oportunidad (empleando el tablón policial, que para eso está), procedemos con el siguiente desequilibrio y reiniciamos el proceso.

Ahora se trataría de repetir el proceso hasta llevar la relación hasta donde deseemos, siempre buscando esa reciprocidad que nos permite avanzar. Proponemos, escuchamos y avanzamos. Y es que, si te fijas, las muestras de interés son algo así como propuestas. Si le hablo por primera vez a mi compañera de clases de cocina, le estoy proponiendo tener una conversación. Si interactúo con ella de manera coqueta, le estoy proponiendo que tonteemos. Si le pido el número de teléfono, le estoy proponiendo que tengamos una comunicación fuera del contexto de la clase. Si la invito a probar mis carrilleras al vino tinto, le estoy proponiendo una cita. ¿Coges la idea?

Cada una de estas propuestas pretende dar un salto en la relación. Ahora mismo estamos aquí y, con mi muestra de interés, te invito a que vayamos ahí. Por eso, si lo que queremos es evitar generar grandes desequilibrios en la balanza, debemos aprender a proponer saltos pequeños. Porque, cuanto mayor sea el salto que propongo, mayor es la probabilidad de rechazo.

Veámoslo con un ejemplo muy claro y que nada tiene que ver con la seducción. Imaginemos que mañana un amigo te presenta a una persona que te cae muy bien. No hay atracción entre vosotros, pero sí mucha afinidad. ¿Qué ocurriría si tú ahora coges y le propones un viaje de un mes a las islas Maldivas? El salto que le estás proponiendo a la otra persona es enorme. Vuestra relación actual es la de dos personas que han congeniado muy bien, pero que apenas se conocen, y tú le estás haciendo una propuesta muy ambiciosa. ¿Puede ser que acepte tu propuesta? Puede ser. ¿Es probable? Muy poco. ¿Por qué es tan poco probable? Porque os falta información a ambos. La otra persona no sabe si congeniáis de verdad o si ha sido cosa de la euforia del momento. No te conoce de verdad y no sabe si sería capaz de convivir un mes contigo sin acabar arrancándose la piel a tiras. Por otra parte, tú tampoco sabes si a esta persona le gusta viajar, si le apetece conocer las Maldivas o si ahora mismo tiene el dinero y el tiempo para hacer lo que le propones. Falta tanta información que la probabilidad de rechazo es altísima.

Por el contrario, si tu propuesta fuera algo más asequible, como por ejemplo ir a comer al nuevo restaurante de sushi que acaban de abrir en el centro, la cosa cambia. El salto que le estás proponiendo a la otra persona es mucho menor, con lo que la probabilidad de rechazo disminuye. Cuando hayáis ido al restaurante, puede ser que empecéis a quedar para hacer otros planes de vez en cuando. En esas quedadas, os iréis conociendo e iréis generando una confianza y complicidad cada vez mayores. A medida que pase el tiempo, irás sabiendo más sobre esa persona: si le gusta viajar, si su trabajo y sus compromisos personales le permiten hacer viajes largos, si sería un buen acompañante para disfrutar de un paraíso tropical en el océano Índico… Lo vas pillando, ¿verdad?

¡Nos vamos a las Maldivas!

Y precisamente en esto es en lo que consiste la habilidad para mostrar interés. Se trata de generar ligeros desequilibrios en la balanza que nos permitan extraer más información. Con cada pequeña propuesta que hacemos, recibimos un *input* sobre los niveles de interés de la otra persona y recabamos información valiosa que nos permite explorar si existe compatibilidad. Gracias a ello podremos ubicarnos para saber si debemos avanzar, mantenernos donde estamos o retroceder.

3. La habilidad para regular nuestro interés

Y ahora la última competencia que necesitas desarrollar para lograr el equilibrio en la balanza del interés. Podría parecer que con las dos destrezas anteriores ya deberíamos ser capaces de jugar adecuadamente al juego de la balanza. Al fin y al cabo, si sé identificar cuánto peso está poniendo la otra persona en su plato y aprendo a colocar el peso justo en el mío, ya debería estar todo hecho. Pero no es así.

Cuando hablamos de regular tus niveles de interés, estamos refiriéndonos a la capacidad para no obsesionarte con la otra persona, idealizarla o cosas de esas. Porque no me basta con que seas capaz de disimular muy bien tus niveles de interés para conseguir ajustarte a los de la otra persona. Quiero que seas capaz de gestionar tu atracción para que esta no se dispare y escape a tu control. Solo así conseguirás que tus muestras de interés no sean desproporcionadas.

Y es que, si tus niveles de interés son mucho más elevados que los de la otra persona, se va a acabar notando por mucho que intentes camuflarlos. Ocultar tu interés es como tratar de coger agua con las manos, es cuestión de tiempo que se acabe filtrando.

Es mucho más interesante que te centres en regular internamente tus niveles de interés antes que dedicar tus esfuerzos a tratar de esconderlos.

Tatúate eso en un lugar donde puedas verlo a menudo.

Fíjate que gran parte de las estratagemas de la conquista estratégica tienen que ver con camuflar los niveles de interés. Aquello de que cuando nos dé su número de teléfono tenemos que esperar tres días antes de escribirle para no mostrar necesidad; que es necesario adoptar una postura corporal de desinterés para que la otra persona se incline hacia nosotros; que cuando nos acerquemos a un grupo de chicas siempre debemos ignorar a la que nos gusta; que tenemos que tardar el triple que la otra persona en contestar a los mensajes para no transmitir desesperación. Y otras paridas similares.

Eso es conquista estratégica y, por si no te habías dado cuenta, no es mi estilo. Tratar de emplear reglas de comportamiento que nos permitan ligar con cualquiera, independientemente del contexto y la persona que tenemos delante, es, cuando menos, fantasioso. ¿En serio crees que hay trucos para hackear el cerebro de cualquier persona y dejarla rendida a nuestros pies? Pero ¿es que tenemos nueve años?

Nuestro objetivo, y espero que quede claro, no debería tener que ver con pulir nuestras dotes interpretativas para simular desinterés. Esto no es un casting. Nuestro verdadero objetivo es ser capaces de regular nuestros niveles de interés de manera interna para que no nos obsesionemos con nadie.

Déjame hacerte una recomendación que, si la integras en tu vida, puede marcar un antes y un después en tus relaciones. **Tu interés por otra persona debería estar siempre sujeto a dos variables: compatibilidad y reciprocidad.** De este modo, tu atracción solo debería crecer en la medida en que observes una adecuada complementariedad y, al mismo tiempo, una correspondencia de interés apropiada.

Y, por eso, ahora hemos de entender cómo podemos controlar nuestros niveles de interés hacia los demás. Por supuesto, esto tiene muchísimo que ver con elementos como la autoestima, el estilo de apego, la inteligencia emocional y demás temas interesantísimos que darían para cuatro libros y un par de años de terapia.

Este libro ni puede ni pretende reemplazar el tratamiento psicológico oportuno para resolver asuntos como la falta de autoestima, la dependencia emocional o el apego inseguro, y por ello animo a buscar ayuda profesional a todo aquel que considere que la necesita.

Pero me puede la culpa. No puedo presentar el problema y no ofrecer alguna solución. Por eso, voy a hablar sobre una técnica terapéutica que utilizo con mis pacientes y que puede ayudarnos a gestionar y regular nuestros niveles de interés: se trata de identificar la necesidad.

Si nuestro interés es superior al de la otra persona, será interesante reflexionar e identificar por qué le estamos dando tanta importancia a la relación con ella. ¿Qué supone esa persona para nosotros, qué significado le estamos dando?

¿De verdad mi vida va a ser más satisfactoria si me ligo a esa persona? ¿Me voy a convertir con ello en alguien mejor?

Dicho de otra forma (un pelín más bestia), ¿qué pajas mentales me he montado? Debemos analizar qué representa para nosotros esa persona exactamente y, a partir de ese conocimiento, deconstruirla hasta que lleguemos a un punto en el que nuestros niveles de interés vuelvan a ser normales y equilibrados.

Podrías preguntarte «¿qué significado le estoy dando a ligar con esta persona?, ¿qué necesidad estoy tratando de satisfacer a través de ella?».

Muchas veces, convertimos a las personas en facilitadoras de metas. En medios para conseguir nuestros objetivos, vaya. Y esto pasa mucho a la hora de ligar porque, aunque pudiera parecer que nuestra meta principal es establecer una relación afectivo-sexual con la otra persona, lo cierto es que es muy frecuente que esto se combine con metas secundarias subyacentes.

Son ejemplos de estas metas secundarias el reconocimiento social (que vean que has sido capaz de atraer a una persona atractiva), el sexo (atraer a alguien para poder mantener relaciones), la pareja (encontrar a alguien que te dé afecto y te «complete») o la autoestima (sentirte valioso gracias al hecho de haber ligado).

En cualquiera de esos casos, convertimos a la otra persona en un medio para un fin. Y créeme cuando te digo que esto te resta muchísimo atractivo a los ojos de esa persona. Porque, cuando vas con alguna de estas metas en segundo plano, al final dejas de ver a la persona que tienes delante, dejas de interesarte genuinamente por ella, y solamente te centras en lo que puedes conseguir de ella. Piénsalo bien, ¿te gustaría tener un amigo que queda contigo solo porque le puedes ayudar a conseguir trabajo? Te haría sentirte utilizado, ¿verdad? Pues, del mismo modo, no conseguirás que la otra persona se sienta atractiva si estás utilizándola para cubrir tus carencias y escaseces.

Identificar la necesidad es fundamental para que nuestras relaciones afectivo-sexuales prosperen y es la base para ver a la otra persona por lo que es y no por lo que podríamos obtener a través de ella.

Y es que, cuando vemos a alguien por quien realmente es, se nos quita mucha tontería y es mucho menos probable que caigamos en idealizaciones y cosas del estilo.

Para entenderlo mejor, sigamos utilizando las amistades como ejemplo. ¿Te gustaría que un amigo quedara contigo por tu insistencia, aunque realmente aborrezca estar contigo? No sé tú, pero yo quiero que mis amigos queden conmigo porque les apetece a ellos, no solo porque me apetezca a mí. Directamente se me quitan las ganas de quedar con alguien si ese alguien no quiere quedar conmigo.

«No quieres nada que la otra persona no quiera darte» ¿recuerdas? Entonces ¿por qué quieres quedar con alguien que no quiere quedar contigo? ¿Por qué idealizas a alguien que no percibe tu valía? Exacto. Por las metas secundarias. Y es que, normalmente, en la mayoría de nuestras relaciones nuestro interés por la otra persona está condicionado a su interés por nosotros. Salvo cuando las metas secundarias entran en escena, claro.

Las cuatro metas secundarias

Cuando hablo de las cuatro metas secundarias me refiero a las mismas que he mencionado antes: reconocimiento social, sexo, pareja y autoestima, que suelen ser las responsables de que instrumentalicemos a las personas que nos atraen.

Por supuesto, no tienen por qué estar operando todas de manera simultánea. Todo depende de las carencias y las creencias particulares de cada persona. Lo que es seguro es que obedecen a necesidades internas que no han sido adecuadamente satisfechas y que creemos que podemos resolver a través de nuestras relaciones afectivo-sexuales. Pero ya te avanzo que no se puede.

Vamos a examinar una por una estas cuatro metas secundarias. Por supuesto puede haber más, pero en mi experiencia profesional estas son sin duda las más frecuentes.

Empezamos con **el reconocimiento social**. En este caso nos referimos a la tendencia a convertir a nuestras parejas afectivo-sexuales en trofeos de los que presumir delante de los demás. Ese chico tan guapo que te ha acompañado a la boda o esa chica tan atractiva con la que estás hablando por Tinder. Sí, me las sé todas. Cuando sientas unas ganas irrefrenables de presumir de ligue, ahí lo tienes, estás utilizando a la otra persona como una fuente de reconocimiento social.

Pero, lo creas o no, no necesitas ligar para obtener reconocimiento social. Si lo que quieres es ser reconocido por tu círculo social, es mucho más eficiente que te centres en trabajar tu autoestima y tu asertividad, de manera que la gente empiece a ver en ti a una persona valiosa y honesta. Si careces de estos atributos, puedes ligar todo lo que quieras, que el reconocimiento seguirá sin llegar. Y es que la mejor manera de conseguir el respeto de la gente es cultivando el autorrespeto y tratando con respeto a los demás.

Seguimos con **el sexo**. Si bien es cierto que nuestra satisfacción sexual se suele ver incrementada cuando nos acostamos con ótra persona, también es posible disfrutarla en soledad. No me malinterpretes; es muy humano querer invitar a otros al festival de nuestra sexualidad, pero, cuando convertimos a otras personas en meros dispensadores de sexo, las probabilidades de ligar disminuyen considerablemente. Es fundamental relativizar nuestra necesidad de sexo y que nos tomemos las cosas con calma. El sexo es genial, pero también lo es un plato de pasta carbonara, un masaje de pies, una tarde con amigos o una sesión de pintar Marines Espaciales. Pongamos cada cosa en su lugar.

No somos mandriles, somos adultos con la madurez necesaria para controlar nuestro impulso sexual sin convertirnos en sus prisioneros. La desesperación de una persona que necesita ligar porque está falta de sexo pone ante nuestras narices una de las caras más patéticas del ser humano. Y esa desesperación se nota. Porque, como diría un amigo mío (gran poeta, mejor persona), «ten cuidado, que se te ven los espermas en los ojos».

Y tras este proverbio chino profundo a la par que sutil, pasamos a la siguiente meta.

La pareja. Vivimos en una sociedad que idealiza las relaciones de pareja y que las presenta como un requisito indispensable para una vida feliz y plena. Esto tiene mucho que ver con la conquista romántica que vimos al principio, lo de que eres una media naranja que necesita ser completada y estas cositas. Y, ojo, porque también es verdad que somos animales sociales y necesitamos de los demás. De hecho, cada vez hay más evidencia científica que apoya la idea de que el afecto nos proporciona salud y felicidad. Pero eso, el afecto, no la pareja necesariamente.

Nuestra cultura hace tanto hincapié en la importancia de la pareja que se nos olvida que hay otras formas de sentirnos queridos. La familia y los amigos pueden proporcionarnos el cariño que necesitamos con creces. Por supuesto, una pareja aporta otras cosas y es legítimo querer cultivar la esfera afectivo-sexual de nuestras vidas. De eso va este libro, vaya. Sin embargo, sería interesante que nos deshiciéramos de nuestras carencias afectivas a través de otro tipo de lazos, de manera que dejemos de relacionarnos desde la necesidad con quienes nos atraen.

Por último, **la autoestima**. Sin duda, buscar la aprobación de quienes nos atraen no es el mejor alimento para nuestra autoestima. Voy a ponerlo más claro: **buscar la aprobación de quienes nos gustan NO es la mejor forma de alimentar nuestra autoestima**. Lo recomendable es empezar por el principio: trabajando nuestra autoestima como es debido. Porque he visto demasiadas veces en consulta a pacientes que cuando ligan se sienten pletóricos y cuando son rechazados se hunden en la miseria. No queremos eso.

El problema en estos casos suele estribar en que el paciente no es capaz de reconocer su propio valor y virtudes, que resultan invisibles a sus ojos, pero sí es capaz de ver las cualidades y el atractivo de otras personas. Por eso, trata desesperadamente de gustar a los demás para utilizar la aprobación externa como mecanismo de autovalidación. Al fin y al cabo, si consigo gustarle a alguien que me gusta, algo bueno tendré, ¿no? Evidentemente, la estrategia de verme a mí mismo a través de los ojos de una persona que me atrae para poder gustarme hace aguas por todos lados. Solo te servirá para insuflarte un chute de autoestima momentáneo que irá desinflándose con el paso de los días.

Debemos desvincular nuestro éxito afectivo-sexual de nuestro amor propio y aprender a querernos más allá de los resultados que cosechemos a la hora de ligar.

Por supuesto, nuestra vida afectivo-sexual ocupa una parcela de nuestra autoestima, pero también lo hacen el trabajo, nuestro físico, las relaciones familiares, las amistades, el ocio, etc. Aprender a delimitar el peso específico de esta área en concreto sobre nuestra autoestima es fundamental para dejar de relacionarnos desde la necesidad. Pero, claro, para eso hay que tener una autoestima bastante sólida.

Así que habrá que profundizar un poco más en la autoestima ¿no crees?

Cada vez que una de las partes
genera un pequeño desequilibrio
y la otra persona le corresponde,
se reequilibra la balanza y la
relación avanza un poquito en
la dirección deseada.

Es mucho más interesante que te
centres en regular internamente
tus niveles de interés antes que
dedicar tus esfuerzos a tratar de
esconderlos.

AUTOESTIMA

Las creencias pueden ser nuestras mejores aliadas o nuestras peores enemigas. Pueden ayudarnos a comprender la realidad y a movernos por el mundo o complicarnos la existencia hasta puntos inimaginables.

Acabamos de analizar las bases científicas del funcionamiento de la atracción en el ser humano precisamente para deshacernos de los mitos y leyendas que nos desorientan a la hora de seducir. Y ahora toca atacar al segundo grupo de creencias que pueden estar interfiriendo en nuestras relaciones afectivo-sexuales, las que afectan al YO.

En las páginas anteriores he mencionado tantas veces la autoestima que ya iba siendo hora de que le dedicase el espacio que se merece. Así que vamos allá.

Importancia de la autoestima

Puede parecer sorprendente, pero algunas teorías evolucionistas señalan que el verdadero papel de la autoestima (por lo menos el principal) es **informar a otras personas sobre nuestro potencial como pareja**. Esto es, la autoestima es un constructo cognitivo que hemos desarrollado los seres humanos (nótese que otras especies animales carecen de ella) para que los demás sepan, a simple vista, si merece la pena conocernos. Es un cartel de neón, una boya del puerto o, más acorde con el imaginario colectivo actual, una bandera. Verde, si nos referimos a una autoestima fuerte; roja, si es débil o inexistente.

Estas teorías son congruentes con otras investigaciones de los últimos tiempos, en las que se demuestra que las personas tendemos a emparejarnos con aquellos que rondan nuestros mismos niveles de autoestima. Y esto lo hacemos, sobre todo, de manera inconsciente. Y en realidad tiene todo el sentido del mundo. Cuando nos encontramos dentro de la primera evaluación del MBAI (recuerdas el modelo bidimensional de la atracción interpersonal de Montoya y Horton, ¿verdad?), lo que estamos evaluando es la capacidad de la otra persona para facilitar nuestras metas. Y, claro, conocer los niveles de competencia de una persona es una tarea larga y costosa.

Lo ideal sería conocerla hasta el punto de ver si es inteligente, si tiene habilidades sociales, si es cariñosa, si nos entendemos bien en la cama o si tiene una filosofía de vida, unas aspiraciones y unos gustos parecidos a los nuestros. Entre otras muchas cosas.

En definitiva, exige una minuciosa labor de investigación que puede llevarnos meses o incluso años. Y hay más de ocho mil millones de habitantes en este pedrusco flotante al que llamamos Tierra. Harían falta innumerables vidas tan solo para poder conocer en profundidad a un pequeñísimo porcentaje de ellos. ¿Cómo decido entonces con quién me emparejo? Para eso, nuestro cerebro acude a ayudarnos y nos propone un atajo: valorar los niveles de autoestima de la persona en la que nos hemos fijado.

La autoestima es algo que percibimos rápidamente (como comentaba, de manera inconsciente) y nos transmite la opinión que una persona tiene de sí misma. Por supuesto, esto nos podría ayudar a decidir si queremos invertir nuestro tiempo en conocerla más en profundidad y comenzar nuestra labor de investigación.

Y es bastante lógico, si lo piensas. Al final, tu autoestima proporciona información sobre la percepción que tienes acerca de tus defectos y cualidades, y ¿quién te conoce mejor que tú? Tanto si te gustas como si no, por algo será ¿no? Utilizar la autoestima como criterio de selección parece, pues, una manera eficiente de gestionar nuestro tiempo y aumentar la probabilidad de encontrar a alguien que merezca la pena.

A todos los efectos, la autoestima es como un tráiler. No, no me estoy refiriendo a un camión de gran tonelaje con tendencia a aparecer por sorpresa en las pelis malas y llevarse por delante a un personaje secundario. Estoy hablando de esos vídeos cortos que sirven para promocionar películas, series o incluso libros. Estas piezas audiovisuales de corta duración tienen un objetivo muy claro: conseguir que quienes las vean sientan el impulso de querer ver la película entera. Si cumplen con su cometido y conectan con su público, harán que surja una inquietud por saber más y la gente haga cola para ir a verla al cine.

Ya intuyes por dónde voy, ¿verdad? Antes de decidir si quieres pasar dos horas de tu tiempo viendo una película y gastarte el dinero en la entrada, es normal que prefieras visionar el tráiler para ver si llama tu atención. Con todo el buen criterio del mundo, además.

Nuestra autoestima, por tanto, sería algo así como nuestro tráiler personal. Y, dependiendo de su estado, la expectación que generemos en los demás será diferente.

Puede ayudarnos a llenar salas enteras repletas de personas ansiosas por conocernos o puede provocar que no nos comamos ni un rosco. Ni una palomita, si me apuras.

El coyote y el correcaminos

Estás a punto de comprobar que no se me han acabado las metáforas. Ni muchísimo menos. Y es que el funcionamiento de la autoestima se puede explicar con dos famosos personajes de dibujos animados de los Looney Tunes: el coyote y el correcaminos.

El coyote se pasa capítulo tras capítulo persiguiendo al correcaminos de todas las formas imaginables. Pero, por más carreteras y túneles que pinte en las paredes de las montañas, nunca lo alcanza. Pues bien, en el mundo real, todos somos el coyote persiguiendo a nuestro propio correcaminos: el **YO IDEAL**.

¿A qué me estoy refiriendo? El yo ideal es la imagen idealizada de nosotros mismos. Nuestro «yo» perfecto y sin mácula que no sufre ninguno de nuestros problemas porque ya ha alcanzado la excelencia más absoluta. Es, en definitiva, nuestra representación mental de la magnificencia.

Pero esto no es más que un espejismo en el horizonte. Una fantasía inaccesible. La realidad es que nuestro yo actual (el coyote) siempre va a rebufo del yo ideal (el correcaminos), porque, a medida que voy logrando mis metas, estas se transforman y aparecen nuevos objetivos. Es como correr detrás de nuestra propia sombra intentando alcanzarla. Como el yo actual avanza a la misma velocidad que el yo ideal, al final siempre existe una distancia similar entre ambos.

Y es que **no hay nadie perfecto. Nadie. Ni siquiera quienes lo parecen.** Uy, especialmente esos. Nadie, hoy en día, ha conseguido alcanzar a su yo ideal. Ni Natalie Portman, ni Ryan Gosling, ni el Fary. Todos tenemos nuestros problemas, nuestras imperfecciones y nuestras insatisfacciones con nuestra forma de ser.

Conociendo esta realidad, sería lógico que te estuvieras preguntando: ¿significa eso que nunca voy a poder gustarme tal como soy? Si siempre me voy a percibir como una persona incompleta e imperfecta, ¿quiere decir eso que nunca voy a lograr construir una buena autoestima? Pues, evidentemente, no. Como hemos dicho, nadie es perfecto y, sin embargo, hay muchas personas que tienen una buena autoestima. Y es que **la autoestima no tiene nada que ver con alcanzar la excelencia**. La autoestima no se adquiere cuando logramos todas y cada una de nuestras metas, cuando tachamos el último elemento de nuestra lista de propósitos. No.

De hecho, la evidencia científica nos demuestra que las metas contribuyen positivamente a nuestro ajuste psicológico y que, además, sería completamente contraproducente alcanzarlas todas y quedarnos sin ninguna. O, dicho de otro modo, la distancia que existe entre nuestro yo actual y nuestro yo ideal no solo no es la causa de nuestros problemas de autoestima, sino que es beneficiosa para nuestra psique.

Y te explico por qué. Los seres humanos somos animales, pero tenemos varias cosas que nos diferencian del resto. Una de ellas es la necesidad de celebrar cada año el festival de Eurovisión. Otra, tener que darle un sentido a nuestra vida, una dirección. A nosotros no nos basta con despertarnos, comer para sobrevivir y volvernos a la cama para reiniciar el ciclo. Necesitamos tener metas y objetivos que le den un propósito a nuestra existencia. Pero, si alcanzáramos a nuestro yo ideal, nuestras metas desaparecerían y entonces no tendríamos nada por lo que esforzarnos. Nada que nos motivara a salir de la cama por las mañanas. Nos faltaría un propósito.

Como dijo Fernando Birri (en una frase que injustamente se atribuye a Eduardo Galeano), «la utopía está en el horizonte. Si camino dos pasos, ella se aleja dos pasos. Si camino diez pasos, la utopía se va a colocar diez pasos más allá. Sé que jamás la alcanzaré. Entonces ¿para qué sirve la utopía? Para eso, para caminar». Pues lo mismo con las metas.

El látigo y la zanahoria

Entonces, si la autoestima no va de alcanzar la perfección, ¿en qué consiste? ¿Cómo se trabaja? Pues, volviendo a nuestros queridos Looney Tunes, la clave está en cómo animamos a nuestro coyote (yo actual) para que persiga al correcaminos (yo ideal). Cómo me animo a mí mismo a perseguir mis metas y objetivos, vaya. Y aquí nos encontramos con dos alternativas muy bien diferenciadas: el látigo y la zanahoria. Estas son las dos maneras que tenemos de alentar a nuestro coyote. Vamos a analizar ambas opciones, empezando por la más dura.

Cuando hablamos del **látigo**, nos referimos a centrarnos en lo que no funciona de nosotros mismos. No solo eso, sino que lo magnificamos para que sea más doloroso todavía. Por ejemplo, nos decimos cosas como «estoy gordísimo», «he fracasado profesionalmente», «nadie quiere estar conmigo» o «bailo peor que una mesa camilla». Y ¿para qué exagerar tanto el problema? ¿Por qué querría hacerlo más grande de lo que realmente es? Pues porque el dolor genera movimiento. Si consigo representar el problema de la manera más dramática posible, es más probable que me levante del sofá y me ponga manos a la obra. Mi coyote no podrá ignorar un malestar tan agudo y emprenderá acciones al respecto.

El látigo utiliza el sentimiento de insuficiencia como combustible para alimentar el motor del cambio. Cuanto mayor sea ese sentimiento, mejor.

Parte de la base de que somos seres sin voluntad, vagos por naturaleza, y que la única forma de desperezarnos es a latigazos. Además, para lograrlo, se sirve de una falsa promesa: que cuando consigamos nuestra siguiente meta, por fin podremos querernos. La consecución de ese objetivo será lo que nos proporcionará ese sentimiento de valía del que actualmente carecemos. Nos dice cosas como «cuando consigas el cuerpo que deseas, por fin podrás gustarte», «cuando logres ganar tanto dinero, serás al fin suficiente» o «solo podrás ser feliz cuando tengas pareja».

Y lo peor de todo es que nos lo creemos. Nos lo creemos como si no supiéramos de sobra que, a la vuelta de la esquina, nos encontraremos con otra promesa exactamente igual. Como si no supiéramos que, acto seguido, aparecerá una nueva meta que nos devolverá a la casilla de salida, perpetuando el sentimiento de insuficiencia.

No obstante, el látigo también tiene su parte «positiva», ya que gracias a él podemos conseguir cambios a través de la disciplina. Por ejemplo, nos puede ayudar a lograr un cuerpo escultural o a escalar en la pirámide profesional. Pero el precio a pagar es terriblemente elevado. Y es que, por muchas metas que nos permita alcanzar, tiene un efecto secundario realmente grave: la baja autoestima. Porque es imposible tener buena autoestima si nos sentimos insuficientes y, como hemos visto, el látigo se alimenta de este sentimiento.

Además, y mucho ojo con esto, el látigo no sirve para conseguir todo tipo de metas. Si bien es cierto que puede ser útil para alcanzar objetivos que únicamente dependan de la disciplina (como ir frecuentemente al gimnasio o hacer más horas que un reloj en el trabajo), existe otro tipo de metas que permanecerán fuera de nuestro alcance por mucho que las persigamos. Y, sí, me refiero, por ejemplo, al éxito interpersonal. Y es que, como hemos visto, para que nuestra vida afectivo-sexual prospere hacen falta unas buenas dosis de autoestima.

Vamos ahora con la **zanahoria**, que es, de lejos, mucho más agradable, sana y efectiva que el látigo. Aquí tenemos que diferenciar dos fases.

La primera es la de autoaceptación. Esto es, saber quererme, aquí y ahora, tal como soy, sin «peros». Si ya entendemos que siempre vamos a estar detrás de nuestras metas, pero que si esperamos a alcanzarlas todas para sentirnos suficientes nunca lo conseguiremos, la conclusión es más que evidente. **Este, y no otro, es el momento ideal para empezar a querernos.**

Con un ejemplo se entiende mejor. Te lanzo la siguiente reflexión: ¿querrías menos a tu hijo por estar gordito, porque cobrara poco o porque ligara menos que el gato del Team Rocket? No, ¿verdad? Bien, esto es lo que se conoce como amor incondicional. Queremos a nuestros hijos por lo que son y no por lo que consiguen. ¿Que además les va bien? Pues mejor, por supuesto, eso nos llenará de felicidad. Pero nuestro amor no depende de eso.

Del mismo modo, también posees la capacidad para quererte incondicionalmente tal y como eres ahora: «Puedo no tener un físico perfecto, puedo no tener el trabajo de mis sueños, puedo no ligar todo lo que me gustaría…, pero me doy permiso para quererme aquí y ahora». Existe una versión de ti, ya sea en el pasado o en el futuro (o en un universo paralelo, si nos ponemos), que estaría tremendamente agradecida y satisfecha con tu situación actual. Existen millones de personas que desearían con todas sus fuerzas tener las cualidades, las relaciones, la apariencia o el estilo de vida de los que tú disfrutas hoy en día. ¿De verdad sigues creyendo que es imposible quererte por lo que eres aquí y ahora? La pregunta va en serio.

Sin embargo, esto nos está quedando demasiado sencillo, un poco Mr. Wonderful si me apuras, y entendería que todo te pueda estar sonando un poco cursi. «Si soy una persona tan maravillosa, entonces ¿para qué voy a seguir esforzándome en lograr nuevos objetivos?». «Si consigo quererme de manera incondicional, ¿no acabaré convirtiéndome en una persona conformista y sin aspiraciones?». «Tú mismo has dicho que las metas son saludables y que nos ayudan a vertebrar nuestra existencia, ¿qué hay de eso?».

Estas inquietudes son muy habituales, pero no te preocupes, está todo controlado. ¡Que entre la fase 2!

Esta es la fase de la ambición. Como hemos dicho, lo primero que debemos hacer es aprender a aceptarnos y querernos por lo que somos. Perdonarnos por no ser perfectos y asumir que nunca lo seremos. Nos podemos querer con el físico que tenemos, nuestra trayectoria laboral o nuestra vida afectivo-sexual actual. Es importante que nos demos ese permiso. PERO quizá sea verdad que no estaría mal mirarnos al espejo al salir de la ducha y gustarnos un poco más. ¿No sería genial, además, llegar con más holgura a fin de mes? Y, bueno, ser capaces de tomar las riendas de nuestra vida afectivo-sexual también estaría bastante bien, la verdad. Al fin y al cabo, ¿no estamos aquí para eso?

Sí a todo. Pero nótese la diferencia entre abordar nuestras metas desde el deseo o hacerlo desde la necesidad. Son enfoques diametralmente opuestos. A diferencia del látigo, la zanahoria no condiciona nuestro amor propio a la consecución de metas. En su lugar, parte de la aceptación de quiénes somos y, desde ahí, busca mejorar. Ya no necesito conseguir esto o aquello para poder quererme, con lo que el malestar, la urgencia y la desesperación con la que perseguía mis metas han desaparecido por completo. En esto consiste la ambición: se trata de un cambio de actitud hacia nuestro yo actual, gracias al cual dejamos de atizarlo y sumergirlo en ese sentimiento de insuficiencia para, en lugar de eso, conducirlo amablemente y con mucho cariño hacia aquello que nos ilusiona.

El látigo acosa a nuestro yo actual desde el MIEDO a no ser suficientes, mientras que la zanahoria lo alienta desde la ILUSIÓN por mejorar nuestra calidad de vida, pero partiendo de un sentimiento de suficiencia.

En realidad, esa es la diferencia fundamental entre ambos. Mientras que el látigo trata de magnificar mis imperfecciones y hacerlas lo más dolorosas posibles, la zanahoria me ayuda a delimitarlas con mayor precisión, de manera que se vuelvan menos angustiosas y mucho más manejables. Ya no me digo cosas como «qué gordo estoy», sino que lo transformo en «me gustaría perder cinco kilos»; sustituyo el «he fracasado a nivel profesional» por «voy a presentarme a esta promoción que me permitiría incrementar mi salario en un 20 por ciento»; y dejo de enviarme mensajes del estilo «nadie quiere estar conmigo» y lo reformulo para que se parezca más a «llevo tres años sin pareja, voy a leerme el *Método Authenticity* a ver si me ayuda a mejorar mis relaciones afectivo-sexuales». Guiño, guiño.

Si nuestro objetivo es mejorar nuestra autoestima, necesitamos hacer la transición del látigo a la zanahoria. Y lo cierto es que este proceso puede resultar complicado, para qué te voy a engañar. Si lograrlo en terapia con un psicólogo experimentado ya supone un reto, imagínate intentarlo solamente con la ayuda de un libro. Francamente difícil.

En cualquier caso, me gustaría que entre estas páginas encuentres herramientas prácticas que te sean de ayuda y que contribuyan, aunque sea un poco, al refuerzo de tu autoestima. Y, con ese objetivo en mente, vamos a introducir un concepto clave en la construcción de una autoestima sana.

El diálogo interno

El diálogo interno no es más que la forma en que una persona habla consigo misma. Un poco más arriba, hemos visto algunos ejemplos al diferenciar los mensajes propios del látigo de los característicos de la zanahoria. Los primeros, más hostiles y autodestructivos, son conocidos como la voz crítica. Y los segundos, más compasivos y realistas, pertenecen a la voz sana.

El asunto es que la forma en la que hablamos con nosotros mismos define por completo la manera como nos percibimos e interpretamos el mundo. Y, por supuesto, esto también condiciona nuestros sentimientos y emociones.

Para entender mejor cómo afecta nuestro diálogo interno a nuestra forma de percibir y de sentir, vamos a ver un ejemplo. Imagina que estás dando una conferencia en público y que, a mitad de la misma, dos personas se ponen a cuchichear entre ellas. Esta situación podría generar varios tipos de diálogo interno muy diferentes entre sí. Habrá quien se lo tome como una grave falta de respeto y se enfadará. Otra persona quizá interprete que su presentación no es lo suficientemente interesante y se pondrá triste. También nos podríamos encontrar con alguien que entiende que es algo normal y que nada tiene que ver con la calidad de su presentación, de manera que experimentará indiferencia. E incluso es probable que otra persona piense que están hablando sobre su nuevo corte de pelo y empiece a sentir algo de vergüenza.

Fíjate en que la situación es exactamente la misma, pero cada persona la ha interpretado de manera diferente. Cada una ha mantenido un diálogo interno distinto y, como consecuencia de ello, nos encontramos con respuestas emocionales muy diversas. Y es que, al contrario de lo que solemos pensar, **no son las situaciones las que nos generan emociones, sino nuestros pensamientos**. Es por ello por lo que, ante una misma situación, cada cual puede experimentar una respuesta emocional distinta.

En psicología, esta idea se conoce como el ABC de Ellis. Primero ocurre una situación A, que es interpretada de una manera B y, por tanto, suscita una respuesta emocional C. Nuestro diálogo interno ocurre precisamente en la B, y ahí es cuando realmente se juega la partida. Al fin y al cabo, la situación (A) nos viene determinada externamente, pero es nuestro diálogo interno (B) el que determinará nuestra forma de sentir (C).

Parafraseando a Anne Brashares (aunque, por lo que sea, la frase se le atribuye al capitán Jack Sparrow), «el problema no es el problema. El problema es tu actitud frente al problema». Del mismo modo, la mayor parte de las veces, el problema no suele ser la situación a la que nos enfrentamos, sino la interpretación que hacemos de ella. Y, para ayudarnos a detectar y mejorar nuestro diálogo interno, vamos a empezar explicando la diferencia entre la **voz crítica** y la **voz sana.**

Como hemos dicho antes, la voz crítica es propia del látigo. Para sorpresa de nadie, es excesivamente dura con nosotros e interpreta la realidad de manera distorsionada para que nos resulte más dolorosa. Básicamente, su objetivo es que nos movilicemos a través del dolor.

La voz sana es propia de la zanahoria, que nos habla con cariño y compasión, como le hablaríamos a un ser querido. También evalúa la realidad de manera más objetiva y consigue que la percibamos con mayor nitidez. Vamos, que permite una autoestima sana.

El caso es que gran parte de nuestra emocionalidad negativa está provocada por los fallos de interpretación de la voz crítica.

Veamos algunos de ellos.

- **Abstracción selectiva**: sacar una conclusión general errónea a partir de una sola característica, sin tener en cuenta el conjunto total. Nos centramos en un elemento negativo y obviamos todo lo demás. Ejemplo: «Como al final no nos hemos besado, la cita ha ido mal».

- **Sesgo confirmatorio**: interpretar erróneamente lo que nos ocurre de manera que confirme aquello que ya creíamos previamente. Ejemplo: «Siento que cuando alguien me conoce de verdad pierde el interés en mí, así que, como está tardando en contestarme, seguro que es porque ya no le gusto».

- **Personalización**: tendencia a pensar que todo lo que ocurre tiene que ver con nosotros mismos, sin contemplar otras explicaciones alternativas completamente válidas. Ejemplo: «Seguro que se va cinco minutos antes del trabajo para evitar que salgamos juntos».

- **Adivinación**: tendencia a sacar conclusiones sobre el futuro (futurología) o sobre lo que los demás están pensando (telepatía) sin tener suficiente evidencia al respecto. Ejemplo de futurología: «Seguro que me rechaza si me acerco». Ejemplo de telepatía: «No le tenía que haber contado mi afición por el ajedrez, seguro que piensa que soy una persona aburrida».

Volviendo a lo que nos interesa, estas son algunas de las formas en las que la voz crítica se refiere a nosotros. Su objetivo no es otro que distorsionar la realidad para causarnos malestar y, gracias a ello, movilizarnos a fin de encontrar soluciones. Aunque no se le dé especialmente bien, solo intenta ayudarnos. De hecho, puede ser que tú estés aquí porque tu voz crítica te ha atacado y descalificado por no tener las relaciones que deseas.

Como hemos visto que la zanahoria es mejor que el látigo, nuestro objetivo será transformar la voz crítica en voz sana. Pero, antes de eso, comencemos haciéndonos la siguiente pregunta: ¿qué me está diciendo mi voz crítica en esta situación para que yo me sienta mal?

Veámoslo con el ejemplo de la conferencia. En esa situación, la voz crítica te dirá cosas como «mi charla no es lo suficientemente interesante» (abstracción selectiva); «mi charla les está aburriendo» (adivinación por telepatía); o «si esta charla la estuviera dando otra persona estarían más atentos, pero a mí no me respetan» (personalización).

El primer paso es identificar los errores de interpretación que la voz crítica está provocando. Una estrategia muy útil para lograrlo consiste en reflexionar sobre si otras personas podrían reaccionar emocionalmente de una manera distinta ante la misma situación que tú estás viviendo. Y es que, de ser así (y normalmente es así), es muy probable que la voz crítica esté haciendo de las suyas y tu percepción de la realidad se esté viendo deformada por su culpa. Es entonces cuando tienes que irte a releer los cuatro fallos de interpretación que acabamos de ver para identificar cuál o cuáles estás cometiendo en esta situación concreta.

Reinterpretación saludable

Una vez que hemos identificado lo que nos está diciendo la voz crítica y los errores de interpretación que está cometiendo, estamos listos para desarrollar un pensamiento más realista y sano sobre lo que está ocurriendo. Justo eso es la **voz sana**.

Es muy importante que nos demos cuenta de que la reinterpretación saludable no tiene que ver con engañarse a uno mismo. No se trata de que te intentes engañar en la dirección opuesta. Por ejemplo, no tiene sentido que intentes convencerte de que las dos personas del público están en realidad comentando lo interesante que está siendo tu charla y por eso están cuchicheando. La voz sana es otra cosa. Nos habla con el mismo cariño con el que hablaríamos a un amigo, pero no nos engaña como si fuéramos tontos. No insulta nuestra inteligencia.

Para poder encontrar la voz sana, vamos a hacernos tres preguntas:

1. **¿Tengo información suficiente para sostener esta interpretación?**

Esta es una pregunta simple, de sí o no. Se trata de ver si puedo asegurar a ciencia cierta que lo que estoy pensando es correcto. En el ejemplo de la charla, claramente no tenemos suficiente información para asegurar que la gente se aburre con nosotros. La única forma de tener la certeza de que nuestra charla no ha resultado interesante sería si varias personas nos lo dijeran explícitamente. Mientras tanto, es todo especulación.

2. ¿Qué información tengo en contra de lo que estoy pensando?

Esta segunda pregunta nos ayuda a cuestionar la película que la voz crítica se está montando en nuestra cabeza, ya que trata de recabar información en contra de lo que estamos pensando. Es importante que te pares a analizar bien la situación e intentes ser lo más objetivo posible para que no se te pase nada por alto. Si, por ejemplo, la mayor parte de la sala ha estado escuchando atentamente nuestra charla, tendremos evidencias que refuten la hipótesis de que nuestra ponencia ha resultado aburrida.

3. ¿Cuál es la forma de pensar que mejor me hace sentir con la información que tengo y sin caer en el autoengaño?

Aquí se trata de identificar cuál es la manera más realista de pensar con la información de la que dispongo. En el ejemplo que hemos estado analizando, la interpretación más saludable podría ser: «que dos personas estén hablando no significa necesariamente que se aburran, realmente desconozco las causas de su conversación. Además, el resto de la sala parece interesada en lo que digo». Como podemos observar, si hacemos el proceso adecuadamente, acabaremos dando con una frase que nos ayudará a darle la vuelta a los pensamientos distorsionados.

La respuesta a esta tercera pregunta sería nuestra voz sana. Esta nueva interpretación nos ayudará a evaluar la situación de una manera más realista y modificará por completo nuestra reacción emocional.

En definitiva, este ejercicio nos ayuda a cuestionar y debilitar a nuestra voz crítica. A medida que vaya cogiendo el hábito de analizar, cuestionar y reformular mi diálogo interno, mi habilidad para acceder a la voz sana se irá viendo incrementada. Cada vez lograré acceder a ella con mayor velocidad y, finalmente, de manera completamente inconsciente.

No lo he dicho hasta ahora, pero la habilidad para mantener un diálogo interno saludable y poder así tener una emocionalidad positiva es, simplemente, fundamental a la hora de seducir.

Piénsalo. La inmensa mayoría de los problemas que aparecen en el proceso de seducción son de carácter emocional. El miedo al rechazo, el sentimiento de insuficiencia o de inferioridad, el temor a hacer el ridículo, la inseguridad, la desconfianza, la frustración, la vergüenza y un largo etcétera.

Y, por si fuera poco, las emociones negativas también perjudican terriblemente nuestras habilidades sociales. Aumentan nuestra timidez e inhibición, impiden que nos expresemos desde la asertividad y modifican nuestro lenguaje no verbal (afectando a la mirada, la postura, los gestos, la oratoria y la expresión facial). Por el contrario, una emocionalidad positiva nos allana muchísimo el camino a la hora de ligar. La seguridad, la alegría, el optimismo, la valentía, la diversión y el sentimiento de valía son solo algunas de las emociones que aumentan tu atractivo instantáneamente. Eso, por no mencionar que las neuronas espejo provocan que las emociones sean contagiosas. Si nos acercamos a una persona desde una emocionalidad positiva, generaremos emociones del mismo tipo, lo cual facilita (y mucho) que surja la atracción.

Resumiendo, **pocas cosas son tan cruciales como el diálogo interno**. Al fin y al cabo, es el sustrato de nuestra autoestima y nuestra emocionalidad, y condiciona por completo la manera en que nos dirigimos a nosotros mismos. ¿Nos cuidamos o nos castigamos? ¿Nos valoramos justamente o nos devaluamos? ¿Nos queremos o nos despreciamos?

La calidad de nuestra autoestima depende directamente del cariño y la compasión con la que nos tratamos y nos hablamos.

De hecho, en mi experiencia profesional he podido comprobar, una y otra vez, que este es el elemento más importante a la hora de transformar nuestra vida afectivo-sexual. Y es que no hay nada como optimizar la relación con uno mismo para mejorar las relaciones con los demás.

La habilidad para mantener un diálogo interno saludable y poder así tener una emocionalidad positiva es, simplemente, fundamental a la hora de seducir.

La calidad de nuestra autoestima depende directamente del cariño y la compasión con la que nos tratamos y nos hablamos.

• EL MODELO DEL DÉFICIT DE HABILIDADES SOCIALES

Seguimos avanzando. Una vez que hemos visto el efecto nocivo que tienen las creencias distorsionadas y hemos aprendido a corregirlas, debemos ver el papel de las habilidades sociales en la seducción. O, mejor dicho, la falta de ellas.

El modelo de las creencias distorsionadas que hemos analizado anteriormente propone que el impedimento principal para lograr una vida afectivo-sexual satisfactoria es nuestra interpretación de la realidad. De este modo, las creencias del sujeto son el origen de sus dificultades en el terreno afectivo-sexual. Sin embargo, este modelo propone una explicación complementaria sobre el origen de estos problemas.

Según el modelo del déficit de habilidades sociales, las carencias de competencia social de la persona son las que explican sus dificultades para ligar.

Así, hasta que el sujeto no mejore sus destrezas interpersonales, será muy improbable mejorar su capacidad para establecer relaciones afectivo-sexuales.

Además, sabemos que el déficit en habilidades sociales provoca que quienes lo sufren tiendan a evitar las interacciones con las personas que les atraen al verse incapaces de desenvolverse correctamente. La acumulación de experiencias negativas impele a la persona a alejarse de este tipo de interacciones. Y, claro, esto a su vez dificulta que pueda llegar a adquirir y desarrollar las competencias sociales que le faltan.

Partiendo de esta base, la solución ideal sería, sin lugar a dudas, **el entrenamiento en habilidades sociales aplicadas a la seducción**. No queda otra. Y eso es justo lo que vamos a ver en este capítulo. Coge papel y boli (si no lo habías hecho todavía), que empezamos.

LA IMPORTANCIA DE LAS HABILIDADES SOCIALES

Voy a ponerme pedante, que creo que lo estoy haciendo poco y para algo es mi libro. (Me aclaro la garganta). En *El origen de las especies*, Charles Darwin introdujo el concepto de la selección natural, el proceso por el cual las especies van evolucionando para adaptarse mejor al entorno natural. Darwin destaca la importancia de la competición entre especies a la hora de dar forma a las características genéticas de un organismo. De este modo, nuestro sistema inmune ha ido evolucionando para protegerse de los microrganismos y parásitos con los que hemos coexistido, y nuestra morfología y desarrollo cognitivo se han ido preparando para hacer frente a los depredadores y las presas de nuestro entorno. Estabas avisado de que me iba a poner pedante, o sea que ahora no puedes quejarte.

Todas las premisas expuestas por Darwin han sido ampliamente aceptadas por la comunidad científica y siguen siéndolo hoy en día. Sin embargo, veinticinco años después, el biólogo Richard Alexander hizo una observación muy interesante y señaló que, a lo largo de nuestro desarrollo como especie, hubo un punto de inflexión en nuestra manera de relacionarnos con el entorno. Concretamente, con la llegada del *Homo erectus*, el ser humano alcanzó lo que este autor ha bautizado como el **dominio ecológico**, es decir, la capacidad humana de adaptar el entorno a sí mismo en lugar de adaptarse él al entorno. De hecho, el dominio ecológico que el *Homo erectus* logró fue de tal magnitud que llegó un momento en el que su evolución como especie dejó de estar condicionada por el ecosistema. Vamos, que el resto de las especies dejaron de tener influencia sobre el proceso evolutivo del ser humano.

Esto no significa que un dientes de sable no pudiera comerse a un *Homo erectus*. De hecho, lo hacía y con gran gusto, además. Lo que significa es que el impacto de los dientes de sable sobre la raza humana dejó de ser lo suficientemente importante como para condicionar nuestro proceso evolutivo.

Hoy podríamos decir que hay personas que mueren en accidentes de tráfico, pero estaremos de acuerdo en que el ser humano no está evolucionando para ser más resistente a este tipo de accidentes. Podemos hacer leyes más efectivas para evitar los siniestros automovilísticos, incidir en la educación vial y mejorar carreteras y coches, pero nuestro cuerpo no se está volviendo más resistente a los golpes. Que yo sepa, todavía no hay humanos con caparazón, ni nada por el estilo.

Pues bien, partiendo de esta realidad, es interesante que nos planteemos la siguiente pregunta: si el *Homo erectus* logró el dominio ecológico, entonces ¿por qué hemos seguido evolucionando hasta el *Homo sapiens*? Es decir, si el resto de las especies ya no ejercían una presión lo suficientemente importante sobre nosotros como para condicionar nuestro proceso evolutivo, ¿por qué seguimos evolucionando?

La respuesta nos la da el mismo Alexander (menos mal, porque si no menudo marrón dejarnos con la duda), que nos explica que, a partir de ese momento, nuestra evolución dejó de estar condicionada por la competición interespecie para empezar a estarlo por la competición intraespecie. O, dicho de otro modo, a partir del *Homo erectus* empezamos a evolucionar para competir mejor con individuos de nuestro propio grupo y de otros grupos.

Esto implica que nuestro cerebro empezó a evolucionar para procesar con mayor eficacia la información social de nuestro entorno y garantizarnos así una mayor adaptación.

Y debido a eso las habilidades sociales comenzaron a ser uno de los ejes centrales de nuestro proceso evolutivo y pasaron a ser la cualidad más relevante a la hora de predecir la capacidad de supervivencia y reproducción de un ser humano.

Ni los más fuertes, ni los más valientes, ni los mejores cazadores. No. A partir del dominio ecológico, los humanos con mayor capacidad para sobrevivir y reproducirse fueron aquellos con un mayor nivel de competencia social. Aquellos con la capacidad para tener muchos amigos y pocos enemigos. Y esto es algo que perdura hasta el día de hoy. Numerosas investigaciones avalan que la capacidad para construir unas relaciones sociales de calidad tiene múltiples beneficios en nuestra vida. Porque:

- Son la principal fuente de felicidad del ser humano.
- Nos ayudan a fortalecer nuestros niveles de autoestima.
- Nos protegen de trastornos psicológicos como la depresión o la ansiedad.
- Fortalecen nuestras defensas y dilatan nuestra esperanza de vida (la soledad deprime tanto nuestro sistema inmunológico que es más mortífera que la obesidad o el tabaco).
- Nos ayudan a prosperar profesionalmente.

No en vano, las habilidades sociales son el segundo pilar del atractivo de una persona. Somos animales sociales, es lo que hay.

HABILIDADES SOCIALES APLICADAS A LA SEDUCCIÓN

Cuando hablamos de habilidades sociales aplicadas a la seducción, nos estamos refiriendo a un conjunto de competencias interpersonales que nos servirán para desenvolvernos adecuadamente cuando interactuamos con quien nos atrae. Para facilitar su comprensión, las dividiremos en dos grupos: por un lado, están todas aquellas enfocadas en el inicio de la conversación y, por otro, todo lo que sucede dentro de la propia conversación.

Estas habilidades nos ayudarán a la hora de coquetear (término que usaremos con profusión en las próximas páginas), evitarán que nos quedemos en blanco, nos permitirán tener una comunicación fluida y natural (evitando cosas extrañas que no vienen a cuento), facilitarán que la interacción sea más estimulante y divertida, nos facultarán para tomar la iniciativa (proponer una cita, pedir el teléfono, lanzarte a por el primer beso, etc.) y nos capacitarán para gestionar con dignidad y entereza un posible rechazo. Sí, todo esto. Parece mucho, lo sé, pero no es tan complejo como parece. Empecemos por el principio.

Inicio de conversaciones

Es posible que, de entrada, iniciar una conversación con aquella persona que tanto nos atrae pueda verse como un salto al vacío, pero si sabemos lo que estamos haciendo tendremos más posibilidades de caer de pie. Al fin y al cabo, ese vacío que veíamos tan terrible en un primer momento quizá no sea más que un bordillo de unos pocos centímetros.

Empecemos por decir que **no hay una única manera de iniciar una conversación**. En realidad, hay tantas como personas, como momentos, como situaciones, así que vamos a tener que establecer algún tipo de distinción. Vamos a diferenciar, pues, dos grandes grupos: los **abridores directos** y los **abridores indirectos**. Creo que se sobreentiende, pero por si acaso lo aclaro; llamamos abridores a aquellas frases que ayudan a iniciar una conversación natural entre dos personas.

Cada uno de estos dos tipos de abridores vendrá mejor en función de la situación y del tipo de personalidad que tengamos. Te corresponde a ti elegir cuál es el más indicado según tu forma de ser y el momento (no es lo mismo la cena de gala del Premio Princesa de Asturias que la barra en un concierto de Los Chunguitos).

Tranquilo, que, además de profundizar sobre ambos tipos de abridores para que entiendas en qué consisten y cómo puedes utilizarlos, voy a poner algunos ejemplos. Aunque, en realidad, mi intención es que seas capaz de crear los tuyos propios para que te sientas más cómodo al emplearlos. Para que te sientas, en definitiva, más tú. Vamos al lío.

Abridor indirecto (corrección vs. cercanía)

Al contrario que el abridor directo, este se caracteriza por iniciar la conversación sin mostrar un interés claro en la otra persona. De este modo, iniciamos la interacción con un comentario casual que, posteriormente, podrá dar lugar al proceso de seducción. Pero, más que verlo como una manera de abrir una conversación, me gustaría que lo entendieras como una actitud hacia el mundo y las demás personas. **Se trata de sustituir la corrección por la cercanía.**

Cuando hablamos de corrección, nos referimos a ser educados y no llamar la atención de la gente más de lo estrictamente necesario. Nos ayuda a no destacar entre la multitud y, de este modo, evita que seamos juzgados (positiva o negativamente). Usando una metáfora, ser correcto sería como ir vestido de traje en un lugar donde todo el mundo va de etiqueta. No destacas y, por lo tanto, es raro que la gente se fije en ti, lo cual hace menos probable que alguien te juzgue. Es saber estar. De hecho, se trata de una forma muy apropiada de comportarnos en la mayor parte de las situaciones sociales. Y está genial.

Sin embargo, hay una alternativa mucho más poderosa, que muy poca gente aplica en su día a día y que es igual de respetuosa que la corrección. Déjame que te presente a tu nueva mejor amiga: la cercanía.

La cercanía tiene que ver con permitirnos a nosotros mismos ser más como somos, sin obviar por ello las normas sociales que rigen el contexto en el que nos encontramos. De este modo podemos destacar un poco más y relacionarnos con los desconocidos desde la espontaneidad y el buen humor (sin perder el respeto y las buenas maneras, claro).

Siguiendo con la metáfora anterior, sería algo así como permitirnos escoger nuestro propio vestuario en un lugar donde casi todo el mundo lleva traje, sin miedo a ser juzgados. A ver, no se trata de desnudarnos o disfrazarnos de Pikachu. No queremos saltarnos los códigos sociales pertinentes y tampoco necesitamos llamar la atención de la manera más histriónica posible. No va de eso.

Lo que queremos es evitar que el miedo a ser juzgados constriña nuestra identidad y nos aliene por completo.

Cuando escogemos relacionarnos desde la cercanía, la gente lo agradece porque nos perciben más rápidamente como seres amigables, como seres humanos, en lugar de NPC. Es un soplo de aire fresco que a todos nos gusta y que actúa como lubricante social, facilitando enormemente la construcción de nuevas relaciones.

Da la sensación de que en ocasiones olvidamos que los desconocidos también son personas, no son monstruos de los que debamos protegernos, y que lo único que nos separa de confraternizar con ellos es compartir tiempo juntos. Toda la gente que hoy consideras de confianza comenzó siendo anónima para ti. Si no los hubieras conocido nunca y te los cruzaras por la calle, te costaría imaginar el lugar tan importante que esa persona puede llegar a ocupar en tu vida. Pues eso mismo es de aplicación para la gente que actualmente desconoces.

Al final, **la cercanía consiste en perder el miedo a los demás, en humanizarlos**. Vamos a tratar a las personas con un puntito de confianza superior al habitual (por supuesto, sin pasarse de la raya) para acelerar el proceso por el cual se adquiere ese sentimiento de familiaridad. Para implementar la cercanía, recurriremos a tres pasos muy simples: 1.° atención, 2.° decisión y 3.° expresión.

Atención: estar pendientes de los estímulos del entorno que nos llaman la atención y que nos podrían servir como materia prima para iniciar una conversación. Me refiero a observar elementos del contexto, como situaciones excepcionales (hay una cola de catorce personas para pagar en el supermercado), conductas inusuales (el cajero tiene la capacidad de escanear tus productos a la velocidad del sonido y no da tiempo a meterlos en la bolsa) o coincidencias (la persona que va detrás de ti en la cola lleva la misma camiseta que tú). Para eso, debemos cultivar la observación.

Debemos ser capaces de salir de nuestro tren de pensamientos, donde viajan nuestras preocupaciones y problemas, y atender un poquito más al mundo que nos rodea.

Decisión: evaluar si es una buena idea comunicar aquello que ha llamado nuestra atención. Porque a lo mejor no es tan adecuado mostrarnos cercanos en una fila en la que todo el mundo está quejándose, mirando el reloj continuamente y tratando de colarse. Por el contrario, si el ambiente es distendido y no hay tensiones, ¿por qué no aprovechar para practicar nuestras habilidades sociales?

Expresión: expresar, en clave de humor, lo que nos ha llamado la atención. La cola, que parece que estáis esperando para ir al baño en un festival; el cajero del súper, que podría romper algún récord Guinness si se lo propusiera; o la camiseta que, evidentemente, forma parte del uniforme oficial para ir a hacer la compra.

Calma, que no cunda el pánico, vamos a ver con mayor detenimiento cada uno de estos tres pasos con ejemplos (todos ellos basados en hechos reales, por supuesto).

1. La chica chocolatera

Estás en la cola del súper, pensando en tus cosas, como se suele estar en estos sitios, cuando te fijas en que la chica de delante de ti está estudiando con detenimiento la oferta de chocolates. Está tan absorta que su mano va deslizándose de una tableta a otra, buscando la mejor. A ti te sorprende la pasión que le pone al hecho de encontrar el chocolate perfecto, por lo que te ves empujado a decirle algo.

«Yo que tú, me cogería uno de cada para asegurar». La chica se ríe y te explica que está buscando uno muy concreto. «¡Aquí está!», exclama ilusionada cuando lo encuentra. «Este es el mejor que tienen en este súper, el almendrado; yo que tú, me cogería uno». Tú le enseñas tu carrito de la compra, repleto de verduras y comida sana. «Estoy haciendo como que me cuido… pero cuando se me pase la tontería tengo clarísimo cuál comprarme», le dices.

Cuando al fin llegas a la caja, la chica empieza a comprobar su tíquet para ver si está todo en orden antes de irse. Entonces, rebuscando entre tus monedas, te das cuenta de que te faltan dos céntimos para poder pagar sin tener que volver a casa a por la tarjeta. Se lo comentas a la cajera, con la que ya tenías algo de confianza (porque eres una persona que practica la cercanía, no lo olvidemos) y, antes de que te pueda decir nada, la chica chocolatera saca su cartera y dice «toma, te los doy yo».

Dos céntimos no son nada, pero el ofrecimiento dice bastante. Estoy seguro de que esta chica nunca habría tenido este gesto sin la conversación previa. Este ejemplo representa muy bien cuál es la magia de la cercanía.

Cuando eres cercano y agradable con la gente de tu entorno, es mucho más probable que lo sean contigo.

Examinando este ejemplo, la estructura de tres pasos está muy clara:

Atención: lo que nos llama la atención es el cuidado con el que la chica está eligiendo un chocolate, como si de su vestido de novia se tratara.

Decisión: ahora toca tomar una decisión. ¿Le decimos algo al respecto? En esta situación, no se me ocurre ningún motivo para no hacerlo.

Expresión: llega el momento de pensar en algo mínimamente gracioso que decirle. No es necesario dedicar más de unos segundos, ya que tampoco es necesario decir una genialidad, que no somos humoristas profesionales.

2. El cajero del súper

Un día, además de tu compra habitual, decides llevarte nada menos que siete aguacates. Cuando te toca el turno de pagar, ves que el cajero tiene problemas para colocarlos todos en la báscula para poder pesarlos. Cuando finalmente lo consigue y te los devuelve, le dices: «Efectivamente, has acertado, voy a hacer guacamole para la selección española de rugby». Esto hace reír al cajero, que te responde: «Ya veo, ya… Bien de guacamole». A partir de entonces, siempre que coincides con él, cruzáis un par de palabras.

Examinando este ejemplo, la estructura de tres pasos es la siguiente:

Atención: lo que nos llama la atención son las dificultades del cajero a la hora de apilar los aguacates.

Decisión: una vez que nos damos cuenta de eso, decidimos decirle algo al respecto.

Expresión: se nos ocurre lo del guacamole, así que a por ello.

3. La heladera

Es verano y estás haciendo cola en la heladería. Justo antes de que te toque, la pareja que tienes delante se está tomando muy en serio la elección de su helado. Para tu desesperación, entre que prueban unos y otros sabores, tardan unos diez minutos en elegir. La heladera lanza miradas de resignación a los que estáis en la cola. «Si no se deciden, qué queréis que yo le haga», parece estar gritando. Cuando por fin te toca y la heladera te pregunta qué sabor quieres, le respondes: «Está claro, lo mismo que se han llevado esos dos, que han acertado seguro». La heladera no puede contenerse la risa y rompe a carcajadas. Como no podía ser de otra manera, al final te termina regalando una bola extra. Por el buen rato.

Analicemos este caso:

Atención: es evidente. Lo mucho que tardan en elegir helado los que están delante.

Decisión: vamos a decir algo al respecto.

Expresión: en este caso tienes diez minutos largos para pensar lo que vas a decir, algo que no es muy habitual, pero que puede dar lugar a comentarios más ingeniosos.

Como vemos, los abridores indirectos pueden ser utilizados no solo a la hora de ligar, sino en tu día a día, porque sí, sin más intención que entretenerte. Te darás cuenta de que, si integras este abridor en tu vida cotidiana, irás sintiéndote mucho más sociable y con más confianza cuando interactúes con desconocidos. Además, generarás vínculos con la gente de tu entorno cercano y pasarás a ser una persona más conocida y mejor valorada. Esto también podrá dar paso a crear nuevas amistades y, por qué no, puede ser el comienzo de una bonita relación.

Abridor directo

El abridor directo consiste en acercarte a una persona, normalmente desconocida, mostrándole directamente tu interés. Hemos hablado mucho sobre el equilibrio de interés y sobre la importancia de provocar pequeños desequilibrios para no descompensar demasiado la balanza. Sin embargo, hay situaciones en las que no podemos introducir pasos intermedios y solo tenemos dos opciones: actuar de manera contundente o abstenernos de intentarlo.

Si te cruzas a una persona que te gusta por la calle o te la encuentras en un bar, no hay medias tintas. O te acercas y muestras interés por conocerla o no lo haces. Pero, eso sí, si no haces nada, te quedarás con el tan odiado y molesto «¿y si…?».

Por supuesto, a la hora de acercarnos con un abridor directo, es importante que también respetemos los principios que rigen la balanza del interés. En este sentido, es muy diferente acercarse a alguien desde una actitud de «me gustas y vengo a ver si consigo gustarte» que desde la actitud de «hay algo que me ha llamado la atención de ti y tengo curiosidad por conocer más».

Si te acercas desde el marco mental de que la otra persona te gusta y ahora tienes que convencerla de que eres una persona válida y competente, estarás operando desde la mentalidad del conquistador, y eso penaliza bastante. Ya sabemos que con esta actitud damos la sensación de estar buscando la validación de esa persona, algo muy poco atractivo. Sin embargo, **si nos acercamos desde la mentalidad del explorador, la cosa cambia**. De momento, lo único que sabemos es que hay algo de esa persona que ha capturado nuestra atención y nos ha generado curiosidad. Por eso, y no por otra cosa, es por lo que nos aproximamos. Vengo a ver qué me encuentro; sin metas secundarias, sin necesidad y sin intenciones ocultas.

Efectivamente, el motivo de tu acercamiento tiene que ver con que la otra persona te ha generado algún tipo de interés. Y así se lo harás saber. Pero fíjate que estamos hablando de un interés maduro, sensato y equilibrado. Ni has idealizado a la otra persona, ni la has puesto en un pedestal, ni quieres obtener nada de ella. No quieres convencerla de nada, ni engañarla, ni impresionarla. ¿Qué pretendes entonces? Pues, de momento, ver si se presta a que os conozcáis y, de ser así, evaluar vuestra compatibilidad. ¿Os divertís juntos? ¿Tenéis cosas en común? ¿Corresponde a tus muestras de interés? ¿Coquetea contigo?

Sea como sea, es importante entender que en ocasiones hay que apostar fuerte y mostrar interés directo por la persona que ha llamado nuestra atención. Sin dar rodeos ni buscar excusas baratas para romper el hielo. Vamos de frente.

De hecho, ser capaz de iniciar una conversación de este modo (de manera directa, pero respetando la mentalidad del explorador) puede jugar mucho a nuestro favor y demostrar una profunda seguridad en nosotros mismos.

No te miento si te digo que la mayoría necesitan utilizar «muletas» para atreverse a iniciar una conversación. Hay quienes solo se atreven a acercarse si van alcoholizados y quienes solo saben ligar a través de una pantalla. Muy poca gente es capaz de reunir el coraje para acercarse de manera directa y mostrar interés sin más armadura que la propia autoestima. Mirando al rechazo a los ojos y manteniéndole la mirada sin achantarse.

Acercarse de forma honesta y auténtica a otra persona es valorado muy positivamente por la mayoría de la gente. La capacidad para acercarse con educación, sinceridad y aplomo denota una confianza abrumadora. Y de eso va este tipo de abridores.

Estructura

Vamos a desmenuzar el abridor directo para comprenderlo con mayor facilidad.

Atención: empezamos **llamando la atención de la otra persona**. Para eso, lo mejor es utilizar palabras como «disculpa» o «perdona» para que entienda que estás tratando de interactuar con ella y dirija su atención hacia ti. He escuchado muchas tonterías en internet acerca del hecho de que hay que evitar estos términos, ya que parece que te estás disculpando cuando en realidad no has hecho nada malo. Bobadas. Forma parte del protocolo social iniciar una conversación de esta manera con las personas desconocidas, y todos entendemos que no por ello te estás arrastrando ni nada por el estilo.

Honestidad: una vez captada la atención de la otra persona, hay que hacer un **ejercicio de honestidad**. Vamos a tratar de comunicarle, de la manera más asertiva posible, el motivo de nuestro acercamiento. Normalmente (aunque no siempre), esto implicará hacer algún tipo de cumplido, lo cual tiene sentido, ya que te estás acercando precisamente porque te ha gustado algo de ella.

Ahora sí, hay infinitas formas de hacer esto. Aquí te voy a explicar las tres que, en mi experiencia, funcionan mejor.

1.º Explicitar tu ansiedad. Es especialmente útil cuando al iniciar la conversación nos sentimos muy nerviosos. Otro de los bulos que corren por internet es que tienes que derrochar seguridad para poder gustar. Y sí, es verdad que ayuda, pero te puedo decir, porque lo he visto mil veces, que es peor tratar de disimular tu ansiedad cuando te sientes inseguro que mostrarla tranquilamente. En tus primeras aperturas lo normal es que aparezcan los nervios y, por mucho que trates de esconderlos, tu lenguaje no verbal te delatará.

Nuestro cerebro ha evolucionado para reconocer cuando alguien trata de engañarnos y, si hay incongruencias entre tu lenguaje verbal y el no verbal, despertarás muchísima desconfianza en la otra persona.

Por eso, en lugar de esconderla, puedes hacer que juegue a tu favor. Unos ejemplos: «Me da corte porque no te conozco, pero soy de los que piensa que estas cosas es mejor decirlas… Me parece que tienes un estilo increíble». «Estoy un poco nerviosa, pero si no te lo digo me voy a quedar con las ganas… Te he escuchado antes y me parece que tienes una voz superbonita».

2.º Narrar la situación. Esta fórmula consiste en hacer un breve resumen sobre lo que te ha pasado al ver a la otra persona, lo que la ayudará a entender por qué te estás acercando. Su valor principal es que genera mucha empatía y hace que la otra persona entienda mejor el motivo de tu acercamiento. «Mira, llevo cinco minutos pensando si acercarme o no. He estado a punto de irme y pasar del tema, pero me he dado cuenta de que me iba a arrepentir si lo hacía, y los martes no son un buen día para arrepentirse». «Verás, te he visto y me has parecido la chica más atractiva que he visto en lo que va de año. Y tú me dirás "es 14 de enero, tampoco tiene mucho mérito", y yo te diré "menos mérito tendría el 1"».

3.º Generar curiosidad. Esta fórmula nos permite, con muy poco, despertar una profunda curiosidad. Al utilizarla, capturamos por completo la atención de la otra persona, que ahora está deseando escuchar lo que le tenemos que decir. «¿Sabes lo que me ha llamado la atención sobre ti? (Esperamos respuesta). Que vistes genial, pero da la sensación de que lo haces sin ningún esfuerzo».

«Voy a ser totalmente sincero contigo. (Esperamos respuesta). Yo no suelo hacer estas cosas, pero te he visto sonreír a lo lejos y me parece que tienes una sonrisa preciosa».

Facilitador: el último paso consiste en **facilitarle la respuesta a la otra persona**. El objetivo es permitirle que pueda responder a nuestro comentario sin devanarse los sesos. Piensa que es muy probable que nunca se le hayan acercado como lo has hecho tú, y puede ser que esté nerviosa o no sepa qué diantres decir. El facilitador le permite dar una respuesta simple y ayudarla a salir del paso para proseguir con la conversación.

Vamos a ver un par de tipos de facilitador para entenderlo mejor:

1.° La presentación. Esto es muy simple. Nos presentamos y le preguntamos su nombre. Se lo estamos poniendo más que fácil para responder. Veamos algún ejemplo. «Y, la verdad, me ha apetecido venir a preguntarte el nombre. Yo me llamo Hugo, ¿y tú?». «Y, nada, eso es todo. Ahora viene cuando me dices tu nombre».

2.° La evaluación. Como hemos visto antes, lo que pretendemos es implementar la mentalidad del explorador y no la del conquistador. Por eso mismo, lo que queremos con este tipo de facilitador es reforzar la idea de que te estás acercando desde la curiosidad, no para conseguir gustarle por todos los medios.

Hay algo que nos ha llamado la atención y por eso nos hemos aproximado, para saber si hay más cosas que nos resulten atractivas de esa persona. Esto lo podemos transmitir de diferentes maneras, como vemos en estos ejemplos: «Y ahora tengo curiosidad por saber si además eres simpática. ¿Del uno al diez dónde te colocarías?». «Y, la verdad, que además de guapo, tienes cara de ser buena persona. Pero a veces las apariencias engañan. ¿He acertado?».

Una de las bondades de este tipo de facilitador es que es muy probable que la otra persona conteste afirmativamente a nuestra pregunta.

Al fin y al cabo, ¿quién diría de sí mismo que no es simpático o buena persona? El asunto es que, una vez que ha respondido favorablemente y se ha presentado ante nosotros como una persona afable, sería incoherente que de repente fuera desagradable con nosotros.

Para ejecutar adecuadamente un abridor directo basta con enlazar estos tres pasos: comenzamos llamando la **atención** de la otra persona; a continuación, le comunicamos el motivo de nuestro acercamiento empleando la **honestidad,** y finalmente le pasamos el turno de palabra mediante el **facilitador.** Simple, sencillo y para toda la familia.

Con el fin de que lo veas con más claridad, te dejo algunos ejemplos de cómo quedaría la estructura completa: «Disculpa, no suelo hacer este tipo de cosas, pero me has parecido mono y me ha apetecido venir a comprobar si además eres simpático. Me llamo Laura, ¿y tú?». «Perdona, me da un poco de corte esto que te voy a decir, pero llevo como diez minutos pensando en cómo acercarme y no se me ha ocurrido nada ingenioso. ¿Cómo te hubieras acercado tú? Si me gusta tu propuesta igual me alejo y me vuelvo a acercar». «Disculpa, voy a ser completamente sincero contigo, hay algo sobre ti que me ha llamado la atención. (Esperar respuesta). Eres de las pocas chicas a las que les queda bien el pelo tan corto. (Esperar respuesta). Y, ahora que te veo sonreír, te queda mejor. A todo esto, me llamo Alberto, ¿y tú?».

Personalmente, no soy nada partidario de los abridores enlatados, aquellos que te memorizas antes de salir de casa y que luego sueltas como un loro. Como habrás podido intuir por lo que llevas leído hasta ahora, simpatizo más con la improvisación. La encuentro más auténtica. Pero, en mi experiencia clínica, he observado que al principio pueden ser de cierta utilidad. A la hora de entablar una conversación con alguien que nos impone nos encontramos con un primer enemigo: la ansiedad (hablaremos largo y tendido sobre ella más adelante). La ansiedad bloquea nuestra creatividad y, por tanto, nuestra capacidad de improvisación. Es por ello por lo que, cuando estamos practicando nuestras primeras aperturas y los nervios aprietan, tener algún comodín en el que apoyarnos es un recurso que puede sacarnos de más de un atolladero y aportarnos una mayor seguridad.

Negaré haberlo dicho (aunque quede por escrito, me da igual), pero no pasa nada si en tus primeros acercamientos utilizas algún abridor que te hayas preparado antes de salir de casa. Ojo, **SOLO al principio**.

•••

Cuando eres cercano y agradable con la gente de tu entorno, es mucho más probable que lo sean contigo.

•••

Ser capaz de iniciar una conversación de manera directa puede jugar mucho a nuestro favor y demostrar una profunda seguridad en nosotros mismos.

Mantener conversaciones

Hemos recorrido un largo camino hasta aquí. Ha sido complejo, pero, eh, por fin estamos hablando con esa persona que nos gusta. Estupendo.

Y ahora, ¿qué?

Como no podía ser tan simple (ojalá), a partir de aquí también nos toparemos con nuevos problemas con los que tendremos que aprender a lidiar. Estos son cuatro: **quedarse en blanco** (no saber cómo proseguir con la conversación), **exceso de racionalidad** (que provoca que nuestras conversaciones sean poco estimulantes), **falta de dirección** (dificultad a la hora de tomar la iniciativa y hacer que la relación avance) y el siempre temido **rechazo**.

Como el mantenimiento de conversaciones es crucial en el proceso de seducción (y con todo lo que hemos nadado no vamos a ahogarnos en la orilla), vamos a ir viendo y resolviendo estos cuatro problemas, uno a uno, pormenorizadamente.

Quedarse en blanco. Error 404: *conversation not found*

Seguro que te ha pasado más de una vez. Estás en una interacción que para ti es importante y, de repente, no sabes qué decir. Cada segundo en silencio se alarga más que el anterior y, por mucho que te esfuerzas, no hay ningún tema de conversación que acuda a tu rescate.

Esto puede ocurrirte por varios motivos. Los humanos (la mayoría, al menos) pensamos más rápido de lo que hablamos. Esto es vital, dado que, de lo contrario, nos sería imposible articular un discurso con sentido. Primero viene el pensamiento y, después, las palabras. De este modo, vamos escogiendo cómo traducir nuestro diálogo interno en palabras y tomamos decisiones sobre qué pensamientos compartir y cuáles guardarnos. Este mecanismo de filtrado y conversión corre a cargo de nuestro querido amigo el filtro conversacional.

El filtro conversacional actúa como un embudo que permite que expresemos unos pensamientos y nos callemos otros. Como el portero de una discoteca, «tú pasas, tú no pasas». Normalmente, el filtro nos permite mantener interacciones fluidas y coherentes e impide que metamos la pata y soltemos algo que no debemos. Pero, a veces, se tensa en exceso cuando estamos delante de una persona a la que queremos gustar, que no conocemos o que nos impone. Puede ser en una entrevista de trabajo, ante un tribunal o en una cita, por ejemplo.

En ocasiones así, el filtro se vuelve tan exigente con lo que podemos y no podemos decir que provoca que nos quedemos completamente en blanco.

Queremos gustar a la otra persona y por eso el filtro se tensa al máximo, para que no metamos la pata. «Esto no lo voy a decir, es demasiado personal. Esto es poco interesante, no quiero que piense que soy una persona aburrida. ¡Que no! ¡Ni se te ocurra volver a hablar sobre los Marines Espaciales!».

Sí, lo he vuelto a hacer. No me he podido resistir.

El caso es que, por mucho que nos esforcemos por encontrar el tema de conversación perfecto, estaremos de acuerdo en que tampoco podemos eternizarnos en su búsqueda. Al fin y al cabo, no decir nada también es meter la gamba.

Para resolver este problema contamos con tres soluciones. La primera es **dejar de intentar gustar y centrarnos más en gustarnos a nosotros mismos.** Ya hemos hablado sobre la importancia de la autoestima, y es en momentos como este cuando viene al rescate. **Tener una buena autoestima ayuda a relajar el filtro.** Cuando nos gustamos y nos queremos tal como somos, la necesidad de ocultar partes de nuestra identidad se desvanece.

Piénsalo: si tienes inseguridades sin resolver, es imposible que te sientas a gusto mostrándote a los demás de manera espontánea. Si crees que cuando la gente te conozca va a pensar que eres una persona poco interesante, aburrida o insegura, será mucho más complicado que te relajes y te permitas comportarte con naturalidad. Por eso es tan importante la autoestima. Porque, cuando somos capaces de gustarnos y aceptarnos con nuestras virtudes y defectos, todo se vuelve más sencillo. El filtro se relajará y permitiremos que la otra persona vea quiénes somos realmente. Si estamos cómodos y seguros con nuestras opiniones, con nuestras aficiones o con el hecho de que nos guste bailar la polka en la ducha, tendremos mayor capacidad para mostrarnos.

Pero no olvides que no puedes gustarle a todo el mundo. El efecto de la similitud, ¿recuerdas? Sabiendo esto, lo que sí puedes hacer es maximizar la probabilidad de atraer a las personas que sí son compatibles contigo utilizando tu identidad como filtro social. Dejar de preocuparte tanto por gustar y centrarte más en gustarte a ti mismo delante de quien sea, desapegándote del resultado y disfrutando del proceso, entendiendo que la autenticidad es tu mayor aliada a la hora de atraer a otras personas.

Lo segundo que podemos hacer para aflojar este filtro es **aprender a tolerar el silencio**. Cuanto más nos obsesionemos con evitar quedarnos en blanco, más nos costará encontrar qué decir. Si nuestro pensamiento se enroca en un agónico «qué digo, qué digo», estaremos bloqueando la producción de nuevas ideas que alimenten la conversación. Dejaremos de atender al entorno, eliminando por completo la posibilidad de que algún estímulo externo nos inspire un tema de conversación. En resumen, como si de arenas movedizas se tratase, cuanto más te resistes a que aparezca el silencio, más te sumerges en él.

Lo mejor es que te des permiso para quedarte sin ideas. Permite que haya silencios. No pasa nada. Muchas veces pensamos que esto provocará que la otra persona nos perciba como sosos o aburridos, pero no caemos en que una conversación es cosa de dos. Es un proceso bidireccional. Si cargamos con toda la responsabilidad de mantener viva la conversación, la presión terminará pasando factura.

Cuando aprendes a sentirte cómodo en el silencio, la otra persona tomará también la iniciativa y propondrá conversación. Y es que, si lo piensas bien, **el silencio puede ser tu gran enemigo o tu gran aliado a la hora de ligar**. Aprender a gestionar el silencio puede contribuir a aumentar la tensión sexual con la otra persona, a marcar los turnos de palabra y a demostrar relajación y seguridad. Sin embargo, si lo convertimos en nuestro enemigo y tratamos de huir constantemente de él, lo más probable es que nos quedemos en blanco con mucha más frecuencia, que caigamos en la verborrea y que parezcamos nerviosos y alterados.

La tercera clave para evitar quedarnos en blanco es utilizar los **tres hilos conversacionales**. Se trata de tres caminos diferentes que podemos tomar para proseguir con una conversación. Veámoslos.

1. Mostrar curiosidad por la otra persona. ¿Hay algo más que te gustaría saber sobre ella? Es importante que sea un interés genuino y no preguntas de compromiso. Hay una gran diferencia entre interesarte por la otra persona y someterla a un interrogatorio. No es lo mismo. Si te pasas de frenada con las preguntitas, eso acabará pareciéndose más a una entrevista de trabajo que a una cita. No queremos eso.

2. Hablar sobre ti mismo. Es decir, vincularte con el tema de conversación. ¿Qué tengo yo que ver con este tema? ¿Cómo se relaciona conmigo? Es impor-

tante que sepas que, aunque la otra persona no te pregunte directamente, puedes hablar sobre ti. Incluso si el tema no tiene nada que ver contigo, puedes vincularte por oposición, como, por ejemplo: «Pues la verdad es que no he practicado yoga en mi vida». Evidentemente, no se trata de convertir la conversación en un monólogo en el que todo gira en torno a ti, mucho ojo con eso. Existe una fina línea entre darte a conocer y marcarte un sermón como una catedral.

3. Compartir tu conocimiento sobre un tema concreto. ¿Qué sé yo sobre este asunto? Se trata de que aportes algo de información interesante sobre el tema que está sobre la mesa. Se trataría de la opción menos interesante de las tres, puesto que no te permite conocer mejor a la otra persona ni darte a conocer (y recordemos que la seducción es un proceso de exploración mutua).

No obstante, si encontráis un tema que sea interesante para ambos (una serie, un videojuego, un lugar que visitar), conversar sobre él puede generar una sensación de conexión muy interesante.

Vamos a poner estos tres hilos conversacionales a prueba con ejemplos. Imagina que la otra persona nos ha comentado que ayer se fue a andar en bici con una amiga.

1. Mostrar curiosidad. Podríamos preguntar: «¿Sueles montar mucho en bici?», «¿te gusta el deporte?».

2. Vincularte con el tema. Podríamos decir: «¿Sabes que mi sueño es hacer el Camino de Santiago en bici?», «buf, yo la última vez que cogí una bici subí la foto a MySpace».

3. Hablar sobre el tema. Podrías comentar: «Pues el otro día escuché que la bici es el mejor deporte después de la piscina», «el otro día me enteré de que si atropellas a alguien con la bici, a efectos legales, es como si fueras un vehículo motorizado. ¿Cómo te quedas?».

Como habrás podido observar, estos tres hilos están presentes en cualquier conversación que puedas mantener en el día a día. De hecho, ya sabes utilizarlos porque los usas en todas tus conversaciones, solo que lo haces de manera inconsciente. Ahora que los conoces mejor, puedes echar mano de ellos para aumentar la fluidez en tus conversaciones y evitar quedarte en blanco de nuevo.

Recuerda también que es importante que no nos excedamos con ninguno de ellos y que los vayamos alternando. Si nos pasamos con el primero, caeremos en el formato entrevista; con el segundo, sería el formato monólogo; y, con el tercero, dificultaremos el descubrimiento mutuo necesario en cualquier proceso de seducción.

Exceso de racionalidad. Le falta sal a este caldo

A menos que te encuentres en un debate académico, el exceso de racionalidad es un enemigo a la hora de darle vidilla a una conversación. Y es que no hay nada menos estimulante que la frialdad y la lejanía del lenguaje exacto. El problema de base que lleva al exceso de racionalidad viene de tomarse el proceso de seducción como un mero trámite. Algo que hay que hacer para llegar al verdadero objetivo, que es tener pareja o relaciones sexuales. De este modo, se malentiende la seducción hasta el punto en que llegamos a pensar que no se puede disfrutar.

Fíjate en que yo mismo he sido quien ha afirmado que **la seducción es el proceso a través del cual exploramos la compatibilidad que existe entre la otra persona y tú.** Vale, hasta aquí de acuerdo, pero hay formas y formas de llevar a cabo esta actividad en la práctica. Es muy diferente hacerlo de una forma rígida y protocolaria que con una actitud jocosa y saboreando el proceso. Sería un error pensar que basta con someter a la otra persona a un tercer grado, haciendo preguntas trilladas y tocando los temas típicos de conversación. ¿A qué te dedicas?, ¿cuáles son tus aficiones?, ¿de dónde eres?, ¿cuántos años tienes?... Camarero, la cuenta, que me voy. O, si acaso, tráigame algo más fuerte para soportar ESTO.

Algo parecido ocurre si vamos demasiado rápido a intentar conseguir el teléfono o la cita, o bien a por el beso, a por el sexo, a por la relación de pareja… Esto suele provocar que la otra persona se aburra o se agobie, dado que estamos acelerando demasiado la interacción.

La seducción no es un medio para un fin, sino un fin en sí mismo. Nuestro objetivo no es conquistar, sino disfrutar de la seducción.

Pasarlo bien interactuando con la otra persona, vamos. A la larga, esto es lo que mejores resultados nos va a traer, no te quepa duda. Por ello no deberíamos tratar de cubrir fases velozmente para alcanzar cuanto antes un resultado, sino recrearnos en cada una de las partes del proceso, degustando sus matices.

Recuerda el concepto de la ventana de oportunidad. Si tratas de avanzar cuando la ventana de oportunidad todavía no se ha abierto, te estampas contra un rechazo. Por eso es mucho más interesante que, cuando todavía no nos ha dado tiempo a atraer a la otra persona, nos olvidemos del resultado y tengamos como único objetivo pasárnoslo bien, disfrutar de la interacción en sí misma. A medida que avance la conversación y la otra persona nos vaya dando muestras de interés, la ventana se irá abriendo; entonces sí llegará el momento de avanzar. Mientras tanto, lo mejor es procurar divertirnos, que es una forma de demostrar que no estamos desesperados por gustar. No está de más recordar que nuestros estados emocionales afectan a la percepción de atractivo que los demás tienen de nosotros. Mientras que la alegría y el buen humor aumentan el atractivo, la preocupación y la ansiedad lo disminuyen.

Para entenderlo mejor, veámoslo con un ejemplo de una conversación de Tinder.

> Uy, casi

¿Qué pasó?

> Que a tu descripción le ha faltado una cosa para ser un 10 de 10

> Hay que ver...

¿Qué le ha faltado? Jajaja

> El emoticono de la flamenca

Jjaajjajaj y por qué hacía falta ese emoticono?

> Pues no sé... Le da expresividad al asunto jaja

Yo fui a teatro y me dijeron "Sofía tienes menos expresión que una piedra" jajajajajajajaja

> Y entonces fue cuando te hiciste jugadora de póquer no?

Jajajajajaja dejé el teatro, me puse a estudiar derecho jajajajaja

> Bueno, también es una buena ocupación para un rostro-piedra 😁

> Y mejor con el derecho entonces?

Jajajajajajajaja necesito utilizar menos mi expresión claro jajajaajaj

> Pues me estoy preguntando, con esa cantidad de jajajas que pones, eso cómo lo llevarás a la vida real si no eres expresiva

Pues me pongo carteles en la frente jajajajaja te imaginas?

> Emojis recortados en cartulina

> Me cuadra perfectamente jajajaj

Sería una fantasía

Yo creo que sería hasta original jajajaja

> Mira, si al final nos caemos bien y quedamos, nos los imprimimos y hacemos la coña

> Trato?

Pero podemos elegir el icono que queramos?

> No sé yo...

> Se me ocurre que cada uno elige el del otro

Eso te iba a decir

Como se puede observar, la conversación no tiene ninguna dirección. No existe una urgencia por conocer a la otra persona cuanto antes ni por concretar una cita a toda costa.

No hay preguntas directas y racionales del estilo «¿a qué te dedicas?» o «¿cuáles son tus aficiones?». Ambos se van conociendo de manera natural a medida que hablan de tonterías y se lo pasan bien. Y, con la tontería, conocemos que Sofia es abogada, que ha dado clases de teatro e incluso se ha hablado ya sobre una posible primera cita. Esta es la manera de hacerlo. Esto es a lo que aspiramos.

Ya sabemos que, si apresuramos las cosas, es muy probable que la otra persona perciba desesperación en nuestro tono y que la interacción sea excesivamente racional, aburrida y monótona. «Le preocupa más conquistarme que disfrutar de la conversación», pensará ella. Tómatelo con calma y, a medida que la otra persona vaya mostrando interés (lo cual podemos detectar gracias al tablón policial), podrás ir avanzando por las distintas fases del proceso de seducción.

Veremos luego cuáles son esas fases. Todo a su debido tiempo.

●●●

La seducción no es un medio para un fin, sino un fin en sí mismo. Nuestro objetivo no es conquistar, sino disfrutar de la seducción.

Especias de primera para potenciar el sabor

Hay un par de ingredientes que sirven para llenar de sabor nuestras conversaciones y dejar atrás la insipidez de la racionalidad. Estamos hablando del **sentido del humor** y el **coqueteo**. Vamos a verlos con mayor detenimiento.

Utilizar el **humor** cuando intentamos gustar a otra persona cuesta, y, si lo utilizamos, solemos hacerlo mal. Verás, existe una importante diferencia entre ser gracioso y ser un bufón. Este último está preocupado por hacer reír, mientras que una persona graciosa está centrada en hacerse reír a sí misma.

Imagina que has quedado con un grupo de personas y te encuentras algo tenso. Te gustaría hacer reír a los demás (es comprensible, a todos nos gusta), y para ello se te ocurre un comentario que, bueno, quizá pueda resultar gracioso. Esperas tu momento, y lo sueltas. Nada más decirlo, te callas y esperas a ver la reacción de los demás. Aquí pueden darse dos escenarios: si los demás se ríen, te ríes tú también; y, si no se ríen, silencio incómodo.

Buf, un tanto arriesgado, sobre todo teniendo en cuenta que ni siquiera a ti te parecía demasiado gracioso. Esto no es lo ideal.

Sin embargo, si en la misma situación cambias el foco y, en vez de tratar de hacer reír a los demás, intentas conseguir que seas tú quien se ría, la cosa cambia. Eso te libera y hace que no estés preocupado por la reacción de los otros. Te lo estás intentando pasar bien y hacerte gracia a ti mismo, por lo que ya no tiene sentido buscar a toda costa la carcajada ajena.

Así, habiéndote liberado de la necesidad de hacer reír a los demás, pero con una actitud proactiva hacia tu propio disfrute, los comentarios, bromas y chistes que se te ocurran tendrán, como mínimo, una carcajada asegurada: la tuya. Y ¿sabes qué? Al desaparecer la necesidad de hacer reír a la gente (que es embarazosa) y al acompañar tu comentario con tu propia risa (genuina y, por tanto, más contagiosa), ahora es más probable que los demás también se rían.

Todo esto nos ayuda a introducir una de las actitudes más poderosas para evitar el exceso de racionalidad a la hora de ligar: el marco del disfrute. El marco del disfrute lo puedes aplicar a tus interacciones y, por qué no, a tu vida en general. Consiste en **priorizar el disfrute por encima del resultado**. Cuando incorporas esta actitud en tu manera de relacionarte, dejas de hacer bastantes estupideces. Dejas, por ejemplo, de perseguir a alguien que no te corresponde, de esforzarte por impresionarle y de sufrir porque la relación no avance.

Y es que la seducción, tal como la hemos definido, no implica sacrificios. No nos preocupa que la otra persona se vaya, ni vamos a ir detrás de ella si no nos hace caso. No nos estamos vendiendo para gustar, ni nos ponemos máscaras para conseguir lo que buscamos. Eso es para los conquistadores. La conquista estratégica requiere del sacrificio de tu propia identidad y espontaneidad. La conquista romántica se basa en la renuncia a uno mismo y en darlo todo a cambio de nada.

Pero, como ya hemos visto, la seducción es otra cosa y tiene mucho más que ver con gustarnos a nosotros mismos delante de la otra persona, disfrutar conociéndola y consensuar con ella cada uno de los avances que se producen en la relación.

Friendly reminder: no te interesa ligar con alguien con quien no puedes pasártelo bien y ser tú mismo en el proceso.

Si la otra persona no comparte tu sentido del humor, si no os lo pasáis bien juntos, no es alguien con quien te vayas a entender. Mejor dejarla marchar, porque no estás aquí para aburrirte ni para esforzarte. Estás aquí para disfrutar.

Vamos ahora con el **coqueteo**. Al igual que el humor, el coqueteo sirve para hacer nuestras interacciones más divertidas y estimulantes. Pero tiene el añadido de que permite afianzar la idea de que esto no es una relación de amistad, sino que estamos ligando el uno con el otro. No sois dos amigos que están pasando el rato. Sois dos personas que se están conociendo para ver si se gustan. Lo mejor de todo es que el coqueteo te permite expresar esto sin necesidad de decirlo de forma explícita, lo cual, por otro lado, sería un poco raro.

Para entenderlo mejor, podríamos decir que existen dos tipos de interés: el afectivo y el sexual. El interés afectivo es el que podemos tener hacia cualquier persona que queremos, desde familiares hasta amigos. El interés sexual es el que nace de la atracción física que experimentamos hacia otra persona.

Uno de los problemas más frecuentes que me encuentro en consulta es el de personas que son capaces de relacionarse con quienes les atraen solamente desde el marco de la amistad. Es decir, son capaces de mostrar interés afectivo hacia ellas, siempre y cuando eso no implique mostrar interés sexual. La gran virtud de estas personas es que suelen tener facilidad para generar confianza en los demás. Son percibidas como personas fiables, y ya sabemos que ese es uno de los ingredientes fundamentales de la atracción interpersonal.

Lo malo es que así muy difícilmente se comerán un colín. Es necesario combinar las muestras de interés afectivo con muestras de interés sexual para estimular el deseo y la atracción en la otra persona. Pero esto ya cuesta más, porque parece algo malo y da vergüenza hacerlo.

No obstante, como humanos que somos, tenemos deseo sexual (salvo un 1 por ciento de la población que se declara asexual). Así que avergonzarse de este impulso es tan absurdo como avergonzarse de tener hambre. Es algo perfectamente natural y necesario. El quid de la cuestión está en aprender a expresarlo adecuadamente. Pero, claro, dado que el sexo es un tema tabú, no podemos expresar nuestro deseo sexual con la misma naturalidad con la que expresamos nuestras ganas de comer. Aquí entran en juego los códigos sociales para expresar este deseo adecuadamente. Y, precisamente, esto se consigue a través del coqueteo.

El coqueteo es la habilidad para mostrar nuestro interés sexual de una manera socialmente aceptada, evitando así incomodar a nadie.

También es una de las habilidades sociales más complejas de adquirir y dominar. Pero para eso estamos aquí, para aprender a ejecutarlo adecuadamente.

Y, como en el caso del humor (que se encuentra íntimamente ligado con el marco del disfrute), lo más importante de todo es comprender el marco mental que acompaña al coqueteo. En este caso, estamos hablando del marco afectivo-sexual.

En el marco afectivo-sexual, lo que queremos es **dejar claro que esto no es una relación de amistad**, estamos interactuando para ver si nos gustamos. De este modo, toda la interacción estará salpicada de comentarios, observaciones y pequeños gestos que van a ir reforzando poco a poco esta idea. De manera implícita pero contundente. Y de manera gradual, por supuesto, evitando así los momentos incómodos. Siguiendo la lógica de la balanza del interés, solamente iremos intensificando nuestras muestras de interés sexual a medida que la otra persona nos vaya correspondiendo. Consenso, gente, consenso.

Como hemos dicho, nunca vamos a decir de manera explícita «oye, que sepas que tú y yo no somos amigos; aquí estamos para ligar». Pero es que no nos va a hacer falta. Nuestra manera de comportarnos con la otra persona va a permitir que se intuya que, entre nosotros, hay algo más que amistad. Hay tensión sexual.

Pero no te preocupes. Lo entiendo. Todo esto parece muy abstracto dicho así. Por eso he decidido compartir en este libro algunas de las herramientas de coqueteo que enseño en mis formaciones y terapias. Para que seas capaz de convertir el marco afectivo-sexual en comportamientos específicos. Veamos algunas.

Evaluar el atractivo

La dinámica de esta herramienta consiste en premiar aquello que nos gusta de la otra persona y «castigar» lo que no nos gusta tanto.

Por ejemplo, si te dice que no le gusta el rock, le puedes contestar (en tono de humor): «Con lo bien que íbamos y ahora me sueltas esta bomba. No sé cómo vas a conseguir remontar esto». O, si te dice que baila swing, le puedes decir: «Pues que sepas que acabas de ganar tres puntos de un plumazo». Y si te dice que no fuma: «Fenomenal, por este camino vamos bien. Yo tampoco».

Para implementar esta estrategia puedes dar y quitar puntos a la otra persona o señalarle si va o no por buen camino. A la hora de castigar, es importante destacar que no «castigamos» las cosas que realmente no nos gustan, solo ponemos «multas» metafóricas por tonterías irrelevantes y lo hacemos de tal manera que se note que estamos de broma. Nunca le vas a decir a alguien que acaba de perder dos puntos porque tiene hijos o un trabajo precario. Nuestro objetivo no es hacer sentir mal a nadie, como comprenderás.

Y a la hora de premiar, todo lo contrario. Esto es, solamente lo haremos cuando veamos cosas que realmente nos gustan. No vamos a estar dando puntos por haber nacido en año bisiesto o por comprar en Mercadona (por muy bueno que esté el hummus que venden allí). Eso sería hacer la pelota y demostraría que te estás esforzando mucho para gustarle. Y tus puntos ya no valdrán ni metafóricamente.

La ventaja de esta herramienta es que permite resaltar el hecho de que estamos aquí para ver si nos gustamos y nos parecemos atractivos. Damos por sentado que estamos evaluando el atractivo de la otra persona sin decirlo explícitamente. Cuando le das puntos a alguien, ¿para qué sirven?, ¿qué significan? Evidentemente, son puntos de atractivo. Cuando le dices que va por el buen camino, ¿de qué camino estás hablando?, ¿adónde conduce? Evidentemente, es el camino a gustarte. La clave está en que, al no decirlo explícitamente, nadie podrá acusarte de estar ligando.

Otra cosa más: esta herramienta permite resaltar la idea de que eres tú quien está valorando si la otra persona es apta para ti o no. De este modo, te alejas por completo del marco del conquistador, en el que serías tú quien trata de convencer a la otra persona de que te escoja, y te sumerges en el marco de la exploración. Ahora tú evalúas.

Hipotetizar sobre planes

En este caso, vamos a dejar caer posibles planes conjuntos en caso de congeniar con la otra persona.

Por ejemplo, si te dice que le chiflan los margaritas, le puedes decir «pues, mira, si nos caemos bien, te llevo un día a mi coctelería favorita». Si te dice que baila salsa: «Bueno, pues si vamos cogiendo confianza, un día me haces de profe y me enseñas un par de pasos, ¿te parece?».

La ventaja que ofrece esta herramienta es que permite resaltar el hecho de que estamos aquí para ver si nos gustamos y nos apetece seguir quedando. Al plantear el plan en condicional («si nos caemos bien», «si congeniamos», «si te lo ganas», «si tenemos *feeling*»), resaltamos la idea de que todavía estamos en una toma de contacto, evaluando si la otra persona es apta para nosotros. Y también nos permite obtener una visión de su predisposición con respecto a la idea de quedar. Si reacciona favorablemente al comentario, vamos bien. Si no se la ve muy entusiasmada, todavía queda camino por recorrer.

Lo mejor, sin duda, es que no puedes recibir un rechazo porque, al no haber propuesto nada realmente, no hay nada que rechazar. Sería extremadamente raro que alguien te dijera: «¡No! De ninguna de las maneras. Aunque congeniemos jamás iré contigo a una coctelería». Además, permite preparar el terreno para proponer la cita más adelante. De este modo, si cuando nos tengamos que despedir vemos que la ventana de oportunidad está abierta, siempre podemos concretar el plan: «Y, bueno, tonterías aparte, ¿para cuándo mi primera clase de salsa?».

Invertir los roles

Consiste en asumir que es la otra persona la que está intentando conquistarte y que tú no se lo vas a poner fácil.

Por ejemplo, si te hace algún cumplido, puedes decirle «bueno, bueno... Eso se lo dirás a todas. Conmigo no te van a servir esas técnicas». Si te comenta que tiene dos perros, le puedes contestar: «¿Me lo dices en serio o te lo acabas de inventar porque te he dicho que me encantan los perros?». Si te propone una cita, puedes aceptar diciendo «me parece fantástico. Pero que sepas que yo tengo la regla de no besar a una chica hasta que me propone matrimonio. Que te veo venir». ATENCIÓN: es importante que esto lo hagas desde el humor, para que se note claramente (y sin lugar a dudas) que es una broma y no parezca que te estás viniendo arribísima.

Este coqueteo permite resaltar la idea de que **es la otra persona la que está intentando conquistarte a ti,** situándola a ella en el marco del conquistador y dejando entrever que va a tener que trabajárselo para gustarte. Es coqueteo cinco estrellas.

Humor interno

Se trata de que recuerdes las partes más divertidas de vuestras interacciones y que recicles esas bromas para volver a generar una situación cómica más adelante.

Por ejemplo, si al querer utilizar la palabra «expectativa» la otra persona la pronuncia mal y acaba diciendo «exteptativa», puedes empezar a utilizar esa palabra (mal pronunciada) con mayor frecuencia, y decir, por ejemplo: «Oye, me ha gustado mucho este restaurante. La verdad, ha superado todas mis exteptativas». O, si vais andando por la calle y tropiezas, puedes empezar a pedirle su brazo como apoyo cada vez que tengáis que subir o bajar un escalón.

Para llevar esto a cabo puedes utilizar cualquier tipo de situación o conversación divertida como materia prima. Esta maravillosa herramienta de coqueteo funciona especialmente bien si la aprovechas para meterte un poco con la otra persona o para reírte de ti mismo. También puedes valerte de una de estas situaciones para crear un mote para la otra persona, con el que la empezarás a llamar a partir de ahora. Por ejemplo, si te estás escribiendo con Jorge y comete un error ortográfico importante, puedes empezar a llamarle «Jorge Pérez-Reverte». Si es que eso no te corta el rollo, claro.

Por supuesto, a la hora de poner motes o meterte con la otra persona, hazlo siempre con cosas poco importantes y midiendo muy bien la respuesta que recibas. **Recuerda que tu objetivo no es hacerle sentir mal, sino crear un pique sano.** Hazlo solo con elementos poco relevantes y evalúa si a la otra persona le hace gracia o no. No insistas con esas cosas que la ponen de los nervios o que no le sacan ni media sonrisa. Este tipo de bromas se prestan a ser recicladas con bastante frecuencia, pero, por descontado, tampoco las desgastes. Interna introducirlas en momentos en los que tenga sentido para explotar al máximo su potencial cómico.

Estamos ante una de las mejores herramientas para mantener un tono pícaro y evitar el exceso de racionalidad. Al final, al tomarte la confianza de bromear con la otra persona, vacilarla un poco y ponerle mote, aceleras la sensación de vínculo que existe entre ambos. Fíjate en que el humor interno es como una especie de lenguaje propio, un dialecto que solo vosotros entendéis, dado que está inspirado en vuestras experiencias juntos.

También te será increíblemente útil a la hora de equilibrar la balanza, ya que te permite demostrar que no tienes a la otra persona en un pedestal (cuando te metes con ella) y que no estás intentando impresionarla (cuando te ríes de ti).

El juego de las preguntas

Consiste en proponer que os conozcáis mediante preguntas absurdas o, cuando menos, diferentes.

Con esto me estoy refiriendo a cosas como «te voy a hacer un test de compatibilidad; por cada pregunta que aciertes te doy un premio». A partir de ahí, puedes hacerle preguntas absurdas de A o B (playa o montaña, café o té, Beatles o Stones, Nesquik o ColaCao...). ¿En serio hay alguien que elija el Nesquik? En fin, de lo que se trata es de que, por cada pregunta que responda bien, le premies dándole un dígito de tu teléfono, sin aclararle esto último, hasta que acabe comprendiendo que le estás dando tu número de contacto.

Otra variable de este juego sería, ya durante una cita, proponer una manera diferente de conoceros. «A ver, empiezo yo preguntando y luego te toca a ti: ¿qué es lo más vergonzoso que te ha pasado en tu vida?». Se pone interesante el asunto. Ya hemos comentado que hay que evitar las entrevistas, pero, si encuadramos estas preguntas dentro de un juego, deja de ser algo raro e incómodo para pasar a ser divertido. Además, cada pregunta puede dar pie a mucha conversación, ya que podemos echar mano de los tres hilos conversacionales para alargar la interacción e indagar en nuestras respuestas.

Este juego permite resaltar el hecho de que estamos aquí para conocernos y ver si somos compatibles, todo de una manera original, diferente y divertida. También dificulta que te quedes en blanco porque puedes llevar algunas de esas preguntas preparadas de casa. Te basta con buscar en internet «preguntas diferentes para conocerse» para inspirarte y escoger las que más te gusten.

Exagerar tu interés

Como su propio nombre sugiere, se trata de expresar un interés desproporcionado por la otra persona (hasta el punto de que apenas sea creíble) cuando hace o dice algo que nos gusta. Imagina que la persona que estás conociendo te promete que cuando quedéis por primera vez te va a tocar la canción de *Pokémon* al violín. En ese caso, puedes contestar: «Bueno, ya es oficial. Me cierro el Tinder. He encontrado lo que buscaba». Otro ejemplo: si acude a la cita muy elegante, puedes decirle: «Que sepas que cuando te he visto llegar tan elegante he estado a punto de darme media vuelta, volverme para casa y rezar tres padrenuestros. Simplemente imponente».

Y me podrías decir: «¿Pero esto no va a producir un desequilibrio brutal en la balanza del interés?». Pues podría parecerlo, pero no. Fíjate en que el interés que mostramos es tan desmedido que es del todo inverosímil. Eso despista un poco sobre tus niveles reales de interés. Por un lado, parece que muestras mucho, pero, por otro, es evidente que estás bromeando, con lo que será complicado que desequilibres la balanza. Además, el hecho de que no te importe explicitar una muestra de interés de semejante calibre indica claramente que te estás divirtiendo y que no te preocupa el resultado. **Revela que eres una persona segura y capaz de mostrar interés sin miedo al rechazo.** Te permite introducir el marco afectivo-sexual de una manera divertida, desenfadada y socialmente adecuada.

Bromear sobre un futuro juntos

Consiste en fantasear sobre un futuro en el que os habéis consolidado como pareja estable. Se trata de una nueva exageración, claro, muy en sintonía con la herramienta anterior. Por ejemplo, podemos iniciar la conversación por Tinder diciendo: «Vale. Ponte que nos conocemos y me acabas conquistando. Llevamos un par de semanas quedando… Y ahora ¿con qué serie empezamos?». O «¿qué nombre les ponemos a los gatitos que vamos a adoptar?».

También podemos utilizarlo para iniciar una conversación en ambientes lúdico-festivos: «Que sepas que cuando tengamos críos les pienso ocultar que nos conocimos en una discoteca. Les diremos que nos conocimos en una biblioteca o en un museo. ¿Cuál prefieres?». De nuevo, la proyección debe ser tan desmedida que suene completamente inverosímil. A partir de aquí, podréis comenzar una conversación absurda y divertida a partes iguales, tomando decisiones sobre vuestro hipotético futuro juntos. Cosas como el color que escogeréis para vuestras cortinas, quién irá a dormir al sofá cuando discutáis o cuántas habitaciones destinaréis para pintar y almacenar las miniaturas de los Marines Espaciales.

La idea es proponer a la otra persona una interacción divertida, en la que ambos estáis aceptando imaginar un futuro como pareja.

De este modo, fortalecemos el marco afectivo-sexual, dado que los dos estáis inventando un mañana en el que os establecéis, no como amigos, sino como pareja.

Estas son algunas estrategias de coqueteo. Hay más, tantas como para escribir un libro aparte. Si quieres ese libro dale *like* y déjame en los comentarios la palabra «autenticidad»…

Uy, perdona, que me he liado. De momento, me basta con que te hagas una idea de por dónde van los tiros con respecto al coqueteo.

En realidad, estoy convencido de que muchas de estas herramientas ya te suenan. Incluso puede que ya hayas utilizado varias en algún momento. Al fin y al cabo, no me las he inventado yo, solo les he puesto nombre para que te sea más fácil recordarlas, comprenderlas y echar mano de ellas.

Un aviso: a la hora de poner en práctica estas estrategias, te recomiendo que no intentes aplicarlas todas a la vez, porque te vas a saturar. En su lugar, escoge las dos o tres que más te gusten y busca espacios dentro de la conversación en los que puedas introducirlas. El objetivo es que acabes interiorizándolas y haciéndolas tuyas, hasta el punto de que te salgan solas, sin pensar.

La falta de dirección. Encendiendo motores

Ya sabemos cuál es el camino para evitar quedarnos en blanco y qué hacer para mantener conversaciones estimulantes con las personas que nos atraen. Ambas competencias pueden marcar un antes y un después en la manera de relacionarnos, y contribuir enormemente a nuestra capacidad para generar interés en la otra persona y mantener, de este modo, un buen equilibrio de la balanza.

Sin embargo, ya hemos visto que los niveles de interés son dinámicos. Si conseguimos generar interés pero no somos capaces de lograr que la relación avance, acabaremos provocando un estancamiento. Y, si la relación se estanca durante demasiado tiempo, los niveles de interés acaban decayendo.

Recordemos otra vez el concepto de ventana de oportunidad, ese periodo en el que ambas personas están preparadas para aceptar un avance por parte de la otra. Evidentemente, este lapso tiene un principio y un fin. Debemos saber identificar cuándo se abre esta ventana y ser capaces de tomar la iniciativa antes de que se cierre. Así, cuando la otra persona empieza a mostrar un nivel de interés adecuado, debemos ser capaces de darle la dirección que nos interesa a la relación. Por desgracia, no existe una cantidad de tiempo concreta que nos permita conocer ese intervalo. Todo depende del interés de la otra persona.

Es hora de desempolvar el tablón policial. Gracias a él, podremos observar con facilidad si la otra persona experimenta unos niveles de interés suficientes como para mostrarse receptiva a un avance. Por supuesto, no se trata de una ciencia exacta y tampoco podemos pretender acertar constantemente.

Y es que **siempre que proponemos un avance asumimos una cierta cantidad de riesgo**.

Sin embargo, cuanto mejor trabajemos el tablón policial, mayor será la probabilidad de acierto.

Otra cosa que debemos tener en cuenta es que, dependiendo del momento de la relación en el que nos encontremos, el avance requerido será distinto. O, dicho de otro modo, el proceso de seducción se puede dividir en distintas fases que habrá que ir transitando de manera consecutiva. En función de la fase en la que estemos, deberemos proponer uno u otro avance.

Estas fases son:

- Desconocidos: la otra persona y tú nunca habéis interactuado.
- Conversación: se genera un diálogo entre vosotros.
- Flirteo: el marco afectivo-sexual entra en juego, con su buena dosis de humor y coqueteo.
- Intimidad ambiental: vuestra interacción pasa a ser más privada, separándose de las demás personas.
- Intimidad física: comienza a haber un acercamiento físico entre vosotros.
- Intimidad emocional: empieza a existir una conexión afectiva entre vosotros.

Por supuesto, este no tiene por qué ser necesariamente el orden en todas nuestras interacciones, pero será el camino a seguir en la gran mayoría de ellas. En este sentido, el tipo de iniciativa que deberemos tomar dependerá del salto de fase que corresponda hacer.

Vamos a verlo más detenidamente.

Desconocidos

Nos encontramos en un punto en que no hemos mantenido ningún tipo de interacción verbal con la otra persona. No nos conocemos (como mucho de vista), lo que nos podría hacer pensar que es imposible empezar a evaluar sus niveles de interés echando mano del tablón policial. Pero nada más lejos.

No te estoy pidiendo que cojas una gabardina y un sombrero y te pongas a espiar a esa persona detrás de un periódico agujereado. Pero sí que puedes analizar algunos comportamientos clave cuando coincidáis. Las miradas furtivas, la orientación corporal o la búsqueda de proximidad son algunas de esas conductas que, sin necesidad de mediar palabra, ya nos están dando información sobre el interés de la otra persona. Existen otras más modernas, como que te empiecen a seguir en redes, le den *like* a tus fotos o visualicen con frecuencia tus historias.

El caso es que, ya en esta fase, podemos ir buscando señales que nos indiquen si la otra persona está preparada para un acercamiento. Por desgracia, no siempre las habrá, y tendremos que ser capaces de iniciar una conversación igualmente para que la seducción pueda darse y dejemos de ser dos desconocidos. Una vez más, puedes hacerlo en persona o a través de alguna aplicación, pero, por si todavía no me tienes calado, yo soy más de seducción en vivo. *Old school, my friend.*

Ahora en serio, **cuando ligas en persona, es mucho más fácil generar atracción en el otro**. En el cara a cara cuentas con tu sonrisa, tu mirada, tu voz, tus gestos, tu estilo, tu olor (agradable, espero) y otros elementos que pueden impactar a la otra persona mucho más que un puñado de letras y emoticonos. Así que escoge el tipo de abridor que más te plazca, échale coraje e inicia una conversación para pasar a la siguiente fase.

Conversación

Ha llegado el momento en el que empiezas a interactuar verbalmente con la otra persona. El objetivo ahora es simple: tener una conversación fluida, coherente y amena. Una charla que os permita sentiros cómodos.

Por el momento olvídate del sentido del humor o de la tensión sexual. Nunca está de más, obviamente, pero no es algo prioritario. Lo que prima ahora es, sobre todo, **no quedarnos en blanco**, cosa que no va a ocurrir si ponemos en práctica lo que llevamos visto hasta ahora.

La pregunta entonces sería: ¿cómo sabemos cuándo llega el momento en el que puedo empezar a aumentar la tensión sexual de la conversación? Y ¿cuándo puedo empezar a coquetear?

Pues muy sencillo, cuando veas que la otra persona se siente cómoda en la conversación y se muestra participativa. ¿Te hace preguntas y se interesa por conocerte? ¿Trata de sacar nuevos temas de conversación o de alargar vuestras interacciones? ¿Resalta activamente las similitudes que compartís entre vosotros? Entonces parece que la cosa va bien.

Pero cuidado. Una de las dificultades que me encuentro más frecuentemente entre mis pacientes es la de salir de esta fase.

Y es que, a pesar de que la ventana de oportunidad está abierta de par en par, los miedos y las inseguridades hacen que nos mantengamos aquí más tiempo de la cuenta.

Y, claro, llega un día en que la ventana se cierra y te atrapa en una relación de amistad. Que, oye, está muy bien, pero no nos sirve si lo que sentimos por la otra persona es atracción.

Así que recuerda, si la conversación es agradable y hay una buena implicación por ambas partes, quizá haya llegado el momento de cambiar de fase.

Flirteo

En esta tercera fase lo que buscamos es ir aumentando la tensión sexual. Para ello, echaremos mano del humor y el coqueteo, que serán nuestros principales aliados. Venimos de la fase anterior y ya estamos manteniendo conversaciones fluidas, interesantes y agradables. Ahora, la idea es empezar a introducir el marco afectivo-sexual que, por si no lo recuerdas, nos ayuda a subrayar la idea de que somos dos personas que están interactuando para ver si se gustan.

Que nadie se me despiste ahora.

Poco a poco, vamos a ir introduciendo el coqueteo en nuestra comunicación y observando si la otra persona nos corresponde. ¿Me ríe las gracias? ¿Qué me transmite con su mirada? ¿Me sigue el juego y coquetea también conmigo? ¿Me hace algún cumplido de vez en cuando? Si las respuestas son afirmativas, es muy buena señal. Y toca cambiar de fase.

Intimidad ambiental

Ahora hay que buscar un ambiente más íntimo. O, dicho de otro modo, lo que queremos es estar más a solas con la otra persona, sin tanta gente alrededor. Esto se puede hacer de tropecientas mil quinientas maneras. Puedes pedirle el número de teléfono a esa chica que has conocido en el evento sobre emprendimiento, de manera que podáis mantener una conversación privada entre vosotros. ¿Habéis ido en grupo a una discoteca? Entonces le puedes pedir que te acompañe a pedir una copa. A tu compañero de clases de acroyoga puedes proponerle ir a practicar juntos a la playa o al parque. Y a tu cita de Tinder puedes invitarla a tu casa, que se hace tarde, os están cerrando el bar y ninguno de los dos tiene ganas de despedirse todavía.

La idea detrás de cada uno de estos ejemplos es conseguir un nivel de intimidad mayor, de manera que podáis conoceros y comunicaros sin ser observados por terceros.

Si tú ves que te propone (o te acepta) planes, que busca la manera de pasar tiempo a solas contigo y demás cosas del estilo, has completado esta fase. Ya notas la brisilla, ¿verdad? Eso es porque la ventana de oportunidad se ha abierto. Toca pasar a la siguiente fase.

Intimidad física

En la fase anterior hemos allanado el terreno para que el acercamiento físico pueda ocurrir. Y es que, para desgracia de los voyeuristas, normalmente no mola que nos observen intimando físicamente con otras personas. Ahora que estamos a solas, podemos ir acercando nuestros cuerpos.

En esta fase hay toda una progresión de contactos físicos que puede darse; una amplia gama de acercamientos que tendrían lugar de manera progresiva. Ese aumento de la cercanía al hablar, ese abrazo que se prolonga más de lo habitual, esa mano que se apoya en el regazo del otro, esas cosquillas en la pierna o en la espalda, ese brazo que reposa sobre los hombros o que rodea las caderas de la otra persona. El beso, por supuesto. Y no voy a seguir porque esto no es una novela erótica, pero ya sabes cómo acaba el asunto.

Se trata de una fase muy física. El contacto, las caricias, los besos y las miradas van sustituyendo poco a poco a las palabras. Lo que nos lleva al último paso.

Intimidad emocional

El roce hace el cariño, que diría el dicho. El sexo provoca que liberemos oxitocina, vinculándonos cada vez más a la otra persona. El tiempo juntos hace que estrechemos lazos, acumulemos recuerdos compartidos y desarrollemos sentimientos hacia la otra persona.

Poco a poco, la intimidad emocional va ganando terreno. Apetece dar un paso más en la relación. Cada vez os veis más, os escribís con mayor frecuencia, os tratáis con más afecto. Y, poco a poco, la relación deja de girar en torno al sexo y empezáis a hacer planes «de pareja». Viajes, ir a restaurantes, conocer a los amigos y familiares del otro, hacer planes a largo plazo, celebrar las festividades y aniversarios, vivir bajo el mismo techo, etc.

Hasta aquí todo lo que necesitas saber para conseguir que la relación avance y no se quede estancada. Para saber exactamente cuál es el avance que debes proponer en cada momento, basta con saber en qué fase os encontráis y tener presente cuál viene a continuación. Recuerda, se trata de que seas capaz de identificar los niveles de interés de la otra persona con ayuda del tablón policial y que, una vez que compruebes que efectivamente se han alcanzado unos niveles óptimos y la ventana de oportunidad está abierta, procedas al avance.

Rechazo. Encajando las negativas

Le toca el turno al cuarto problema al que nos enfrentamos a la hora de mantener conversaciones: el rechazo. Ya sabemos cómo evitar quedarnos en blanco y cómo mantener conversaciones estimulantes con las personas que nos atraen, lo que nos capacita para generar interés y mantener un buen equilibrio de la balanza. También sabemos cómo tomar la iniciativa e imprimirle dirección a la relación, evitando que el proceso de seducción se estanque en alguna de sus fases.

Pero, por desgracia, nada nos asegura el éxito. Por muy bien que lo hagamos todo, la posibilidad del rechazo sigue estando ahí. Debemos entender que el rechazo es parte del juego. Nadie alcanza la plenitud afectivo-sexual sin comerse unos cuantos noes. Así que, si queremos tomar el control de nuestras relaciones, debemos ser capaces de gestionarlo.

Para lograrlo, vamos a diferenciar entre dos frentes: el nivel interno (diálogo interno relacionado con el rechazo) y el nivel externo (habilidades sociales que nos permitirán manejarlo).

Lo has adivinado, vamos a ver ambos frentes con detenimiento para entenderlos mejor.

La parte interna

En este apartado hablaremos de todo lo que tiene que ver con el diálogo interno que se activa en nuestra mente cuando pensamos en el rechazo.

Lo primero que debes saber es que **es normal que tengas miedo al rechazo**. Los humanos somos animales sociales y nuestro cerebro ha evolucionado para temer el ostracismo social. Piensa que, en la época de las cavernas, si te echaban de la tribu, eras fiambre. Así que debemos normalizar este miedo y, al mismo tiempo, relativizarlo. Al fin y al cabo, en pleno siglo XXI, un rechazo no pone nuestra vida en peligro.

De hecho, hoy en día, lo que más tememos del rechazo no son sus consecuencias tangibles porque, en realidad, si la otra persona no quiere tener nada con nosotros, realmente no perdemos nada; nuestra vida sigue siendo la que era antes de intentarlo. Tu salud es la misma, sigues manteniendo tu puesto de trabajo, tus amigos siguen escribiéndote para quedar y todas tus extremidades siguen exactamente donde las dejaste.

Entonces ¿por qué le tememos tanto al rechazo? Es más sencillo de lo que parece: lo que realmente nos acongoja es el diálogo interno que se activará en nuestra mente cuando este ocurra. Y es que le tenemos más miedo a nuestra voz crítica que a las consecuencias reales del rechazo. Por eso mismo es fundamental interpretar el rechazo adecuadamente. Para ello, tenemos que saber que hay dos momentos clave en los que el miedo al rechazo nos juega una mala pasada. Primero, antes de que suceda (miedo prerrechazo), con predicciones catastrofistas sobre el desenlace de la interacción. Y segundo, después de sufrirlo (miedo posrechazo), con interpretaciones distorsionadas sobre las causas e implicaciones del mismo.

Vamos a comenzar analizando el primer momento: el miedo prerrechazo. Este interfiere gravemente en nuestro bienestar emocional, provocando que suframos antes y durante la interacción y que, por ende, tengamos un peor rendimiento a la hora de seducir. Y todo por culpa de esa voz crítica que nos dice «seguro que me rechaza», «no estoy a su altura», «va a pensar que soy un fracasado por estar nervioso» o «le voy a molestar si muestro mi interés».

La solución a este problema pasa por empezar a sustituir esa voz crítica con una voz sana que nos ayude a darle la vuelta a estos pensamientos.

Por ejemplo, en lugar de «seguro que me rechaza», hemos de pensar «no puedo ver el futuro, así que no sé lo que va a pasar, pero ¿y qué si me rechaza? ¿Pierdo algo acaso? Si no lo intento, seré yo quien se esté rechazando y eso sería muchísimo peor. Por el contrario, si doy el paso, me estaré acercando más a la persona que quiero ser y, además, existe la posibilidad de que conozca a alguien interesante».

Este es un ejemplo de voz sana, pero es importante que confecciones la tuya. Una voz sana que te permita mirar al rechazo a los ojos y decirle «no te tengo miedo». Y es que solo hay una manera de superar este miedo: experimentar varios rechazos y aprender a pensar de manera saludable sobre ellos.

Vayamos ahora con el segundo momento en el que la voz crítica nos juega una mala pasada: cuando ya hemos experimentado el rechazo. El problema más frecuente que veo con el miedo posrechazo es la tendencia de la gente a rellenar los vacíos de información con la voz crítica. Es muy habitual que, cuando somos rechazados, la otra persona no nos explique las causas del rechazo. Simplemente se limita a no hablarnos por el chat o nos hace una cobra cuando nos lanzamos, por ejemplo. Pero no nos da explicaciones de por qué ha hecho esto.

Con semejante falta de información, la voz crítica se frota las manos; es Navidad para ella. Empieza responsabilizándote de lo que ha ocurrido («se te da fatal ligar»), te descalifica («eres la persona menos atractiva que existe»), hace generalizaciones («siempre acaban perdiendo el interés por ti») y hace predicciones catastrofistas sobre el futuro («jamás encontrarás pareja»). Pero ante esta voz criticona debemos poner en juego todas las habilidades de gestión emocional que hemos trabajado en los capítulos anteriores. Veamos cómo hacerlo:

- ~~Se me da fatal ligar.~~ NO. Entiendo que todavía me pueden quedar cosas por pulir, pero lo cierto es que ya no me quedo nunca en blanco y cada vez se me da mejor identificar los niveles de interés de la otra persona.
- ~~Soy la persona menos atractiva que existe.~~ NO. Soy consciente de que puedo mejorar físicamente, pero hay personas mucho menos agraciadas que yo a las que les va muy bien en el plano afectivo-sexual. La perfección no existe y no tiene sentido seguir martirizándome por no alcanzarla. El atractivo no reposa únicamente en el físico.
- ~~Siempre acaban perdiendo el interés en mí.~~ NO. Hay mucha gente que me ha conocido de verdad y que no me ha rechazado tras hacerlo. Que esta persona haya dejado de escribirme no significa que todo el mundo lo haga.
- ~~Jamás encontraré pareja.~~ NO. Me costará conseguir pareja si voy con la necesidad de encontrar una. Debo quitarme esta mochila y tratar de construir una vida plena y desarrollarme como persona. Encontrar pareja no es la llave de la felicidad.

Estos son solo algunos ejemplos de cómo podemos hacerlo. Al final, se trata de que seamos conscientes de que hay ocasiones en las que no podemos conocer las causas de un rechazo.

En lugar de permitir que la voz crítica rellene esos huecos de información, es importante que seamos escépticos con lo que nos dice y la cuestionemos desde la voz sana.

En mi práctica profesional he podido observar que una cantidad importante (quizá la mayoría) de los rechazos **tiene que ver más con la persona que**

los emite que con quien los recibe. Su miedo al compromiso, la reaparición de un ex que toca a su puerta o un momento vital complicado (en el que tiene el foco puesto en otras cosas y está demasiado disperso para volcarse con alguien) son solo algunas de las causas más frecuentes de rechazo. Dejemos de llevárnoslo a lo personal; venzamos a la voz crítica.

La parte externa

Antes de entrar en materia, es fundamental que entendamos que **no todos los rechazos son gestionables** y que debemos ser capaces de aceptar una negativa con naturalidad y madurez. Debemos erotizar el deseo (recuerdas este concepto, ¿verdad?) y aprender a dejar ir a las personas que no desean estar a nuestro lado.

Como ya hemos dicho, el rechazo forma parte del juego, y la dignidad es importante en la victoria y en la derrota. De hecho, la capacidad para asimilar el rechazo con elegancia aumenta la probabilidad de que la otra persona cambie de parecer y sus niveles de interés aumenten. En cualquier caso, en ocasiones el rechazo es inamovible, y lo único que podemos hacer es respetarlo y punto. Pero también hay otras en las que es el principio de una negociación. A todos los efectos, cuando rechazamos a alguien es como si levantásemos una especie de verja a nuestro alrededor para sentirnos seguros y ganar tiempo antes de tomar una decisión.

Imagina que un amigo te invita a su casa en Bruselas este fin de semana. Es probable que para ti sea demasiado precipitado y le des una negativa antes siquiera de considerar si te viene bien o mal. Esto te permite escuchar sus argumentos desde una zona de confort, sin presiones, y decidir si realmente puedes y quieres hacer ese viaje. Cuanto más te presione tu amigo, más tendrás que elevar tu verja para que no la traspase. Cuanto más alta sea tu verja, más te enrocarás en el «no» y más difícil será que cambies de opinión.

Ser capaces de respetar esa verja que la otra persona levanta para tomar su decisión es fundamental para cualquier negociación. Porque insistir es lo contrario de negociar.

Pero basta ya de metáforas, veamos cómo aplicar esto en la práctica cuando estamos ligando con alguien. Los dos tipos de rechazo que podemos encontrarnos a lo largo del proceso de seducción son el explícito y el implícito. Vamos a analizarlos con detenimiento y a aprender a gestionar cada uno de ellos.

El **rechazo explícito** suele suceder ante una tentativa de avanzar, como cuando pides el teléfono, propones una cita o te lanzas a por el beso, por ejemplo. Tú tomas la iniciativa para intentar cambiar de fase y la otra persona te para los pies.

A su vez, hay tres tipos de rechazo explícito: las razones, las excusas y la impertinencia.

Cuando hablamos de **las razones**, nos estamos refiriendo a cuando la otra persona nos explica las causas de la negativa con razones y argumentos sólidos. Por ejemplo, «no quiero que nos besemos porque acabo de salir de una relación y no he superado a la otra persona todavía», o «este sábado no puedo quedar porque es el cumple de mi hermana», o «busco una relación estable y tú vives en Matalagartos del Zíngaro».

Son razones de peso, no excusas aleatorias y facilonas. La otra persona te está parando los pies, sí, pero se está esmerando en darte las explicaciones que te mereces para entender su negativa. Deberíamos estar agradecidos por ello, ya que no nos están vendiendo la moto. Por eso, lo mejor que podemos hacer es agradecer la honestidad, mostrar empatía (entender su posición) y dejar una puerta abierta, porque nunca se sabe qué puede pasar en el futuro.

Por ejemplo, si la otra persona te dice que no podéis seguir viéndoos porque ella quiere algo estable y tú solo estás en su ciudad de vacaciones unos días, puedes decirle: «Te agradezco mucho que seas transparente conmigo. Valoro mucho la honestidad y no tengo ninguna intención de verte sufrir. Quiero que sepas que me lo he pasado muy bien contigo estos días y que, si algún día te apetece venirte a España de visita, solo tienes que escribirme».

Del siguiente tipo de rechazo explícito, **las excusas**, no hace falta hablar mucho. Se trata de esas ocasiones en las que la otra persona justifica su negativa con argumentos que no se acaban de sostener y que son incongruentes con su comportamiento anterior. Lo malo es que nunca sabemos con certeza si se trata de una excusa o no, pero, generalmente, son rechazos que no te cuadran en absoluto dado que van acompañados de un cambio repentino de actitud. Por ejemplo, «no te beso porque tengo pareja» (y lleva toda la noche tonteando contigo), o «no quedo contigo porque me mudo de piso dentro de dos meses y tengo mucho que hacer», o «es que eres del Real Madrid».

A la hora de lidiar con estos rechazos de poca monta, lo primero que tenemos que hacer es expresar qué es lo que no nos cuadra de su explicación. Mejor si lo hacemos desde la calma, sin acusar ni resultar desafiantes. Luego trataremos de averiguar las verdaderas razones animando a la otra persona a que sea sincera (lo que nos permitirá entender la situación y evitará que nos montemos películas).

Por ejemplo, si la otra persona te dice que no os podéis besar porque tiene pareja y, sin embargo, lleváis toda la noche coqueteando a lo bestia, le puedes decir «si tú me dices que tienes pareja, te creo, pero me resulta un poco extraño que tengas novio después del *feeling* que he notado entre nosotros. Si es por otro motivo, puedes decírmelo tranquilamente, me considero una persona bastante comprensiva y valoro mucho la honestidad». Igual luego resulta que no te quiere besar porque le sabe la boca a cenicero y le da un poco de reparo.

Como ves, esta actitud nos permitirá averiguar si el rechazo es gestionable o si, por el contrario, no hay nada que hacer. Si el problema resulta ser que tiene la boca más seca que la mojama, pues muy sencillo, se queda otro día y punto. Ahora, si es verdad que tiene pareja, pues el asunto se complica.

Por supuesto, debemos tener en cuenta que la otra persona no dará explicaciones si no quiere darlas. En realidad, es libre de poner las excusas que le dé la gana. Adoptar una actitud provocadora e insistente solo lo complicará todo.

Puedes invitar a la otra persona a que sea honesta contigo, pero nunca obligarla.

Con **la impertinencia** me estoy refiriendo a esos momentos en los que hay rechazo y, además, la otra persona es desagradable y hostil con nosotros de manera injustificada. Esto suele darse especialmente por la noche, con alcohol de por medio. La bebida facilita que la gente sea más impertinente y tenga comportamientos que no tendría sobria. Además, también puede ocurrir que la persona a la que te estés acercando haya sido abordada ya por un puñado de babosos alcoholizados y bastante desagradables que la habrán puesto a la defensiva.

Sea como fuere, el caso es que tú te aproximas con la mejor de las intenciones y lo que obtienes a cambio es alguna salida de tiesto estúpida y grosera que no vale la pena escribir aquí. Vamos a poner algo más o menos potable que, con muy poco, ya contiene toda la esencia de un rechazo impertinente: «Contigo no, bicho».

¿Cómo actuar ante algo semejante? Para empezar, **no te lo tomes como algo personal**. Sé consciente de que esa persona no te está rechazando a ti, sino a la imagen que se ha creado de ti en un segundo. No te conoce de nada. A partir de aquí, tienes dos opciones: puedes dar media vuelta e irte (si el nivel de impertinencia es elevado es lo más aconsejable) o puedes gestionarlo como un verdadero maestro zen.

Si optas por la segunda opción, puedes comenzar describiendo tus intenciones. Hacer consciente a la otra persona del motivo de tu acercamiento la hará recapacitar sobre la inadecuación de su respuesta (si no va muy alcoholizada, claro está). Después, puedes «contraatacar» con una pregunta cargada de humor, como «¿sabes cuántas sesiones de terapia hacen falta para superar esto?, o «¿puede ser que me estés confundiendo con tu ex o algo?». El sentido del humor maximizará las posibilidades de que empatice contigo, que se percate de que eres majete y caiga en la cuenta de que ha hecho el cretino.

Por ejemplo, si te acercas a alguien y te recibe con un «ya está aquí otro *pesao*», puedes responder con «me estaba acercando a decirte que me parece que tienes mucho estilo, pero veo que te has aburrido de que te lo digan. ¿Has valorado la opción de vestir un poco peor para evitar estas situaciones tan sumamente incómodas?». Por último, evalúa su respuesta y actúa en consecuencia. Si recula y se da cuenta de que no te tenía que haber hecho ese comentario, pasa página y procede a tener una interacción normal. Si se mantiene en una actitud hostil, muestra madurez. Nada de «pues tú te lo pierdes». Mejor despedirte deseándole una buena noche y márchate, que ahí no es.

El **rechazo implícito** suele darse sobre todo a través del móvil. Se trata de aquellos momentos en los que la implicación de la otra persona disminuye hasta el punto de dejar de contestar. Lo que popularmente se conoce como *ghosting*. Cuando nos hacen *ghosting*, podemos asegurar que la otra persona no está excesivamente interesada. No quiere decir que no tenga interés en absoluto, pero desde luego no tiene un póster tuyo en su habitación. Partamos de esa base.

Si ocurre esto, ¿qué hacemos? De nuevo, no lo lleves a lo personal; la reducción del interés puede darse por infinidad de motivos (ha tenido un problema en el trabajo, no le gusta hablar por chat, tiene mucho ajetreo y se le ha pasado contestar, etc.). Hay infinidad de circunstancias que pueden desembocar en *ghosting* y que nada tienen que ver contigo.

El caso es que, si pasan los días y ves que sigue sin contestar a tu último mensaje…, puedes tratar de reenganchar. Por supuesto, te recomiendo que lo hagas solamente con aquellas conversaciones que alguna vez han ido bien, ya que, si la otra persona nunca estuvo implicada ni dio muestras de interés, es mejor dejarla marchar y dirigir tus energías hacia otro sitio. **Dejar ir es una de las competencias más básicas en la seducción.** Es, básicamente, un ejercicio de autoestima.

Ahora bien, si ha habido una conexión con la otra persona y sus niveles de interés eran adecuados, podemos pasar a la acción. ¡Que empiece la repesca! Y, cómo no, nos serviremos del mejor cebo que existe: el humor. Cuanto más divertido sea tu comentario, mayor será la probabilidad de respuesta. Por ejemplo, puedes retomar el contacto con un «si no paras de escribirme, esto no va a funcionar; tienes que dejarme espacio para que pueda expresarme yo también», o «que sepas que vas a ser tú quien les tenga que explicar a nuestros nietos que casi no nos conocemos porque no me contestaste a un WhatsApp», o «a los ladrones del móvil de Marta: creo que os habéis equivocado de víctima, tiene muy mala leche. Yo se lo devolvería».

Una muy buena es buscar en Google «por qué Manuel no me responde», hacer captura de pantalla y pasársela. A partir de este punto, si contesta, sigue empleando el humor y el coqueteo para aumentar los niveles de interés de la otra persona. Si sigue sin contestar, *game over, sayonara, let it go.*

Hasta aquí, todo lo que necesitas saber sobre cómo gestionar todos los tipos de rechazo con los que te puedes encontrar. Recuerda que es vital que primero seamos capaces de gestionarlos a nivel interno para no llevarlo a lo personal, porque **lo más dañino de un rechazo es la voz crítica que puede generar**. A partir de ahí, empieza a practicar estas estructuras que hemos visto para intentar dar la vuelta a los rechazos. Como siempre te digo, trata de hacerlas tuyas y adaptarlas a tu propia identidad. Cúrratelo un poco, anda, no hagas *copy-paste.*

Y, bueno, es importante recordar que no todos los rechazos son negociables. Sin embargo, siempre hay una salida digna para irnos con la cabeza bien alta. Aprender a aceptar una negativa con decoro y dejar marchar a las personas que no muestren interés en nosotros es una parte fundamental de este proceso.

●●●

El coqueteo es la habilidad para mostrar nuestro interés sexual de una manera socialmente aceptada, evitando así incomodar a nadie.

●●●

Dejar ir es una de las competencias más básicas en la seducción.

● EL MODELO DE LA ANSIEDAD CONDICIONADA

Y, por fin, toca hablar sobre el último modelo explicativo para el déficit en habilidades afectivo-sexuales: el modelo de la ansiedad condicionada.

Según este, el hecho de atravesar experiencias aversivas (como un rechazo, una traición o un ridículo espantoso) en el terreno afectivo-sexual podría provocar un condicionamiento entre la seducción y la reacción de ansiedad. Significa que hemos adquirido un pequeño trauma, por así decirlo.

Así, las interacciones con las personas que nos atraen comienzan a suscitar una reacción automática de ansiedad de una manera muy parecida a como se establece una fobia a través del condicionamiento clásico. Dicho de otro modo, se establece una asociación directa entre las situaciones de seducción y la respuesta de ansiedad. Mal asunto.

En la literatura científica este tipo de ansiedad es descrito como una reacción de «preocupación, distrés e inhibición que se experimenta durante la interacción con una potencial pareja» y es conocido como ansiedad ante las citas o *dating anxiety*.

¿Y cuál es la respuesta conductual más habitual cuando experimentamos ansiedad hacia algo? Efectivamente, **evitar el estímulo ansiógeno**. Por eso, si tengo fobia a las cucarachas, saldré corriendo cada vez que vea una. Si me dan miedo los ascensores, iré por las escaleras siempre que me sea posible. Y, si me genera ansiedad interactuar con las personas que me atraen…, pues imagínate lo que pasa.

Que la seducción nos genere cierta ansiedad es, hasta cierto punto, normal. Esto se debe a que estamos relacionándonos con alguien con quien queremos volver a interactuar en el futuro y una primera impresión insatisfactoria podría arruinar la posibilidad de atraer a esa persona. De este modo, es lógico e incluso beneficioso experimentar cierta ansiedad, dado que nos proporciona el nivel de alerta necesario para ser cautos y evitar comportamientos que puedan impactar negativamente en la impresión que generamos en la otra persona.

Pero, como señaló el gran alquimista Paracelso, es la dosis la que hace el veneno. **La ansiedad deja de ser ventajosa cuando supera determinados niveles y escapa a nuestro control.** Esto provoca un profundo malestar en la persona que la experimenta, que entorpece su actuación y la empuja a evitar la situación temida.

Lo peor de todo es que nuestros temores aumentan cuanto más los evitamos. La culpa de esto se la podemos cargar al **refuerzo negativo**. Te explico cómo funciona. Si cada vez que estoy delante de un ascensor mis niveles de ansiedad se disparan y decido tomar las escaleras para liberarme de esa sensación tan desagradable, mi cerebro aprende que la mejor forma de gestionar la ansiedad en este tipo de situaciones es huyendo de ellas. Así, la respuesta de evitación se va reforzando, haciendo cada vez menos probable que me enfrente a mi ansiedad y monte en el ascensor. Vamos, que meter la cabeza en un agujero como un avestruz esperando que el problema desaparezca no funciona.

De hecho, son varias las investigaciones que apuntan a que uno de los principales predictores del éxito afectivo-sexual de una persona es la frecuencia con la que interactúa con personas que le resultan atractivas.

Esto nos indica que la evitación de este tipo de interacciones es un problema fundamental que puede explicar la ausencia de citas y el deterioro de la vida afectivo-sexual de una persona.

¿Qué hacer entonces para luchar contra la ansiedad condicionada? Pues si hemos concluido que huir del problema solo lo agudiza, ya te imaginarás por dónde van los tiros. **Debemos dar un paso al frente y exponernos a la situación temida.**

Al final, se trata de aprender a gestionar la ansiedad de una manera diferente, abandonar las estrategias de evitación y enfrentar las interacciones con personas que nos resultan atractivas. Solo así seremos capaces de romper la asociación entre las situaciones de seducción y la respuesta de ansiedad. Pero, ojo, no podemos hacer esta exposición de cualquier manera, a lo loco. Debemos seguir unos pasos y actuar con precaución, para que no sea peor el remedio que la enfermedad. Si no, acabarás por cogerle todavía más miedo.

LOS MECANISMOS DE LA ANSIEDAD

Para saber cómo debemos enfrentarnos a la seducción para que la ansiedad vaya remitiendo poco a poco, antes tenemos que entender cómo funciona esta emoción.

Lo primero de todo es que la ansiedad se caracteriza por provocar **un aumento de la activación**. Como ya hemos comentado, esta activación puede ser beneficiosa o perjudicial dependiendo de los niveles de la misma. Unos niveles adecuados mejorarán nuestra capacidad para hacer frente a los retos que la situación plantee, mientras que unos niveles inadecuados la empeorarán.

La teoría de la U invertida de Yerkes y Dodson (en la imagen) explica a la perfección la relación entre nuestros niveles de activación (*arousal*) y la calidad de nuestra ejecución (*performance*).

Como podemos observar, una activación insuficiente puede afectar negativamente al rendimiento porque nos descentra y nos vuelve lentos, ineficaces y torpes (física y mentalmente). De igual manera, una activación excesiva también puede afectar negativamente al rendimiento, ya que provoca un profundo malestar emocional que disminuye nuestra confianza e incrementa nuestra reactividad al entorno (anulando nuestro juicio y haciendo que perdamos el control de nuestro propio comportamiento).

Estoy convencido de que sabes de lo que estoy hablando.

Sin embargo, existe un punto óptimo de activación (*constructive optimum tension*) en el cual el rendimiento se optimiza. Es así como aparece el eustrés (también conocido como estrés positivo).

Unos niveles óptimos de activación nos permiten alcanzar un adecuado rendimiento en una tarea, dado que afilan nuestros sentidos, aumentan nuestra lucidez y velocidad de reacción, nos ayudan a enfocar la atención y nos permiten movilizar adecuadamente recursos internos como la creatividad, el ingenio o el sentido del humor.

Cada actividad requerirá de unos niveles de activación diferentes para alcanzar una ejecución óptima, claro está. Los niveles de activación adaptativos serán diferentes si lo que pretendemos es jugar al pádel, aprobar un examen, ligar con otra persona o ver una película. En efecto, para ver una película también hay que tener ciertos niveles de activación si no queremos terminar dando cabezadas.

DE DÓNDE VIENE LA ANSIEDAD

El modelo de la valoración de Lazarus y Folkman propone que la ansiedad surge de la evaluación que hacemos de las demandas de la situación frente a los recursos de los que disponemos. Dicho en cristiano, la idea es que cuando se nos presenta un reto, nos hacemos la siguiente pregunta: «¿Tengo la capacidad para afrontar esta situación?».

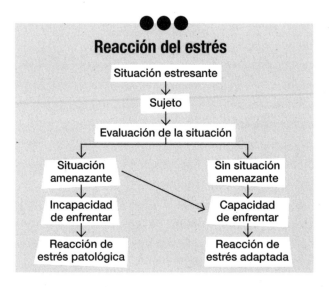

Si vemos que no tenemos los recursos para hacer frente a la situación, surge el estrés patológico, que obedece al nombre de distrés. Si pensamos que poseemos los recursos necesarios para hacer frente a la situación, surge el estrés adaptativo, el ya mencionado eustrés.

Si tenemos en cuenta esta teoría a la hora de seducir, podremos optimizar nuestros niveles de activación y no vernos sobrepasados. Lo único que tendremos que hacer es exponernos a situaciones que supongan un pequeño desafío para nosotros, pero que no nos superen por completo.

Se trata de escoger retos que podamos enfrentar con los recursos que tenemos actualmente, de manera que vayamos desarrollando nuevas competencias que nos permitan afrontar desafíos más complejos en el futuro.

Sería absurdo aprender a tocar la guitarra con la canción «Free Bird»; lo normal será empezar por canciones más sencillitas, como «Smoke in the Water». Así logramos un mejor equilibrio entre nuestras habilidades y la dificultad del reto, sumergiéndonos en un estado de eustrés (también conocido como estado de *flow*) y facilitando el proceso de aprendizaje. Pues lo mismo a la hora de ligar.

Y es que, si nos enfrentamos a una situación que es excesivamente demandante, experimentaremos distrés, lo cual trae consigo dos efectos adversos que queremos evitar:

1. Nuestro rendimiento bajará, lo cual provocará que nuestra actuación sea muy pobre. Esto alimentará la idea de que se nos da mal ligar y disminuirá nuestra percepción personal de competencia a la hora de seducir.

2. Nuestro malestar emocional aumentará y lo pasaremos mal, reforzando así la idea de que ligar es una experiencia bastante desagradable.

En resumen, si nos enfrentamos a retos excesivamente grandes, entraremos en distrés, y entonces nuestro rendimiento será muy pobre. Todo ello provocará que en nuestra mente germinen dos creencias extremadamente dañinas: «Se me da fatal ligar, yo no sirvo para esto» y «la seducción es una experiencia sumamente desagradable, si puedo evitar este tipo de situaciones, mejor».

Así, será muy probable que nos entren ganas de tirar la toalla y que abandonemos la misión de tomar las riendas de nuestras relaciones afectivo-sexuales. Inevitablemente, restableceremos el ciclo de evitación que nos bloquea e impide que esta área de nuestras vidas prospere.

Como vemos, las creencias que acabamos de mencionar son el cáncer de la vida afectivo-sexual de cualquier persona. De hecho, las creencias que queremos instalar en nuestro cerebro son diametralmente opuestas a las anteriores. Por ejemplo, «puedo aprender a ligar porque cada vez se me da mejor y me veo más competente seduciendo» y «la seducción es una actividad divertida y estimulante».

Las preguntas que siguen a toda esta reflexión y que ahora mismo deben de rondar en tu cabeza son ¿y cómo consigo instalar estas creencias en mí?, ¿cuál es la manera óptima de exponerme a las situaciones de seducción si quiero que la ansiedad desaparezca?

Vamos con calma, que ya casi estamos.

EXPOSICIÓN PROGRESIVA. DESPACITO Y CON BUENA LETRA

Sabemos que no debemos enfrentarnos a situaciones que nos provocan una ansiedad desmedida porque ya hemos visto las consecuencias que tiene. Tampoco tiene sentido evitar nuestros temores, dado que estos se harán cada vez más grandes y nos paralizarán por completo.

La conclusión es inmediata: para deshacernos de la ansiedad patológica y el distrés, debemos exponernos a situaciones que nos provoquen unos niveles de ansiedad asimilables. Dicho con otras palabras y siguiendo el ejemplo del veneno, tenemos que ir tomando pequeñas dosis de vez en cuando hasta conseguir la deseada inmunidad.

Esto es lo que en psicología se conoce como exposición progresiva estructurada.

La idea es comenzar enfrentándonos a miedos pequeños y controlados para, una vez superados, ir a por otros más grandes.

Es como si, al subir una escalera de diez escalones, intentamos auparnos de un solo salto al décimo. Es algo que estaría muy bien si haces *parkour* o te ha fichado el Circo del Sol, pero, para la mayoría de los mortales, será sinónimo de pegarnos un costalazo fino.

Ese salto de diez escalones es equiparable a enfrentarnos a una situación que nos genera unos niveles de ansiedad tremendos. El rendimiento será bajo y lo pasaremos mal, no hay otra opción. Sin embargo, si subimos un único escalón cada vez, el ascenso a la cima está asegurado.

Y es que, si me enfrento a mis miedos de manera gradual, seré capaz de superarlos sin pasarlo mal y teniendo un buen rendimiento a lo largo del proceso. Poco a poco, le ganaré la partida a la ansiedad, que irá amainando a cada paso.

Pero, para entenderlo mejor, vamos a ver cómo ejecutaríamos la exposición progresiva estructurada con un temor irracional: la fobia a las cucarachas.

Pongamos que una persona viene a mi consulta con el deseo de resolver de una vez por todas su miedo irracional a las cucarachas. ¿Cómo podríamos crear una escalera de retos que le permita superar esta fobia? Pues el secreto está en el paso a paso.

Le pedimos al sujeto que comience visualizando fotos de cucarachas. Por supuesto, esto provocará una respuesta de ansiedad. Su ritmo cardiaco aumentará simplemente con la imagen de este insecto y su respiración también se verá acelerada. Sin embargo, los niveles de ansiedad serán muy inferiores a los que tendría si se encontrara ante una cucaracha real, con lo que ya estamos hablando de algo tolerable y manejable, para nada parecido a salir corriendo y dando gritos.

Seguimos. Pasados unos minutos viendo imágenes de cucarachas, comprobamos que la ansiedad ya ha disminuido. Al fin y al cabo, el organismo está aprendiendo que puede estar ante este estímulo y que no le ocurre nada malo. Por supuesto, una persona con fobia a las cucarachas sabe de sobra que una cucaracha no supone un riesgo para su vida, pero lo sabe únicamente a nivel racional. **Tú también sabes que interactuar con una persona que te gusta no es peligroso, pero, aunque lo sepas a nivel intelectual, tu forma de sentir es diferente y reaccionas como si realmente existiera una amenaza.**

Cuando la persona con fobia a las cucarachas se expone a imágenes de este insecto y observa que no le está ocurriendo nada, comienza a realizar un aprendizaje emocional. Su propia experiencia es la que le está demostrando que no pasa nada y que, cuanto más tiempo pasa viendo este tipo de imágenes, menor es la respuesta de ansiedad que experimenta.

Una vez que la respuesta de ansiedad ante las imágenes es inexistente, llega el momento de dar el siguiente paso. En este caso, podríamos coger una cucaracha de goma más o menos realista y situarla a unos cuantos metros del sujeto. Y, básicamente, repetimos el proceso. Dejamos que la persona se vaya aclimatando a esta nueva situación. Y, de nuevo, podremos observar cómo su ansiedad remite con el paso de los minutos hasta que desaparece por completo. No teme que la cucaracha de goma vaya a abrir las alas y se ponga a volar hacia él. Aunque, por si las moscas, mejor no comentarle esa posibilidad durante el proceso.

Poco a poco, tocaría ir acercando la cucaracha de goma al paciente, dándole así tiempo para que vaya gestionando su ansiedad ante cada acercamiento. Tarde o temprano, llegará un momento en el que será capaz de sostener la cucaracha de goma en la mano sin experimentar ningún tipo de ansiedad. ¿Tal vez ahora podríamos bromear con la idea de que abra las alas y vuele? Efectivamente, no. Por muy divertido que pueda parecer, el terapeuta tiene que resistirse a este impulso por todos los medios.

Siguiente paso: traer a la consulta una cucaracha muerta (entera e intacta) dentro de algún recipiente transparente y situarla a unos cuantos metros del paciente. Paulatinamente, a medida que sus niveles de ansiedad remiten, vamos acercándola más y más. Como comprenderás, en esta ocasión no hará falta que la agarre con la mano, con que la tenga cerca sin que ello le cause angustia ya es suficiente.

Ahora podríamos repetir el proceso, pero esta vez sacando la cucaracha muerta del recipiente y dejándola sobre el suelo. De nuevo, a medida que la ansiedad remita, iremos reduciendo poco a poco la distancia entre el sujeto y el insecto. Seguimos sin gastarle bromas pesadas, que te veo venir.

El penúltimo paso podría consistir en sustituir la cucaracha muerta por una viva, lo que pone las cosas más interesantes y, al mismo tiempo, hace que me rechinen un poco los dientes. Empezaríamos manteniéndola encerrada en el interior del recipiente y, muy despacio, iríamos acercándosela al paciente, que está demostrando una entereza, un valor y un aguante fuera de toda duda.

Cuando finalmente la ansiedad haya remitido por completo, podremos ir a la calle para liberar a la cucaracha. O tal vez dejarla cerca de la casa de alguien que nos caiga muy mal. La cuestión es que sea a cierta distancia del sujeto. En esta ocasión, será el paciente el que se vaya aproximando a la cucaracha, avanzando hacia ella tan pronto como su ansiedad se lo permita.

Al final del tratamiento, la persona será capaz de permanecer cerca de este insecto sin experimentar una ansiedad patológica, superando así su fobia a las cucarachas. Bravo.

Dejemos de establecer paralelismos entre las cucarachas y las personas que nos resultan atractivas, por favor. Ya basta. A poco bien que elijas, no debería existir ninguna similitud entre tus pretendientes y este insecto. Criterio ante todo.

El caso es que este ejemplo nos sirve muy bien para ver cómo funciona la exposición progresiva estructurada y cómo permite que nos sobrepongamos a la ansiedad y pasemos a tenerla bajo control. **Al final, se trata de ir enfrentándonos a nuestro miedo en dosis pequeñas, de manera que vayamos superándolo sin demasiado esfuerzo.**

Se parece un poco al funcionamiento de una vacuna, en el que introducimos una cantidad pequeña de un virus en nuestro organismo para lograr que nuestras defensas lo reconozcan y aprendan a combatirlo, sin que ello provoque que caigamos enfermos. La idea es que, si nos preparamos poco a poco con dosis pequeñas, cuando nos enfrentemos a dosis más altas nuestro organismo estará preparado para hacerles frente. En el caso de la vacuna, desarrollaremos anticuerpos. En el caso de la ansiedad, construiremos estrategias de gestión emocional.

El objetivo último de la exposición es que comencemos a acumular experiencias de éxito, de manera que vayamos interiorizando la idea de que la seducción es un proceso divertido y que está a nuestro alcance.

Debemos enfrentarnos a desafíos que estén a la altura de nuestras capacidades, consiguiendo así que disfrutemos del proceso de aprendizaje y que vayamos comprobando que cada vez somos más competentes en esto de interactuar con las personas que nos atraen.

Por supuesto, la exposición progresiva estructurada debe ser diseñada a medida para cada persona. Es fundamental tomar nota de las particularidades de cada caso para poder construir la escalera adecuada.

Por ejemplo, tendremos que identificar las dificultades específicas del sujeto. Habrá personas que tengan problemas a la hora de mantener conversaciones fluidas por temor a quedarse en blanco; otras que tengan miedo a aproximarse e iniciar conversación con las personas que les resultan atractivas; personas que experimenten ansiedad a la hora de generar tensión sexual y coquetear con la otra persona, etc. Cada uno tiene su punto débil.

Por otra parte, también será necesario tener en cuenta variables psicológicas como la personalidad. Será muy distinto el acercamiento que haremos si la persona es introvertida o extrovertida, por ejemplo. Porque la gente extrovertida también puede experimentar estos problemas de ansiedad. De hecho, sucede con bastante frecuencia.

Por último, habrá que tener en cuenta el día a día de la persona para escoger bien el contexto en que se va a ejecutar la exposición. No será lo mismo hacerlo en ambientes lúdico-festivos, en el trabajo, en clases de baile o en el gimnasio. Cada persona tiene un estilo de vida y la escalera deberá adaptarse a la rutina específica de cada cual.

SUPERVISIÓN PROFESIONAL

Como vemos, cada caso tendrá sus propias particularidades y es fundamental tomarlas en consideración para ejecutar correctamente la exposición progresiva estructurada. Es por ello por lo que, sin lugar a dudas, lo óptimo sería contar con un profesional en la materia.

Un psicólogo especializado en habilidades sociales aplicadas a la seducción nos puede ayudar a construir una escalera de retos personalizada que nos permita superar los miedos y ansiedades sin que nos suponga mucho esfuerzo.

Y, muy importante, disfrutando de todo el proceso.

Si, por ejemplo, contratamos los servicios de un entrenador personal para que nos ayude a ponernos en forma, su papel será asistirnos para crear una rutina de entrenamiento a la altura de nuestra condición física. Sería absurdo que nos pusiera a levantar cien kilos en nuestro primer entrenamiento, porque lo más probable es que acabásemos haciéndonos daño, frustrándonos al vernos incapaces de mover tanto peso y cogiéndole asco al deporte.

Tampoco tendría ningún sentido que nos ponga a levantar cincuenta gramitos, dado que eso apenas estimularía nuestra musculatura y no generaría ningún beneficio para nuestra salud. Para eso me quedo en el sofá de casa exprimiendo mi suscripción de HBO.

Un buen entrenador personal se encargará de estudiar bien nuestras capacidades para crear una tabla de ejercicios que nos suponga un reto y que, al mismo tiempo, esté a la altura de nuestra condición física. Además, su labor no termina una vez creada la rutina de entrenamiento personalizada. También se asegurará de que hagamos los ejercicios de manera correcta para evitar las lesiones y acelerar nuestro desarrollo físico.

Bien, pues algo muy similar es lo que debería hacer nuestro psicoterapeuta. Está ahí para ayudarnos a escoger el reto adecuado en cada momento y asegurarse de que lo estamos ejecutando correctamente. El psicólogo especializado, por tanto, será clave en la elaboración de la escalera de exposición y nos acompañará de la mano a través de cada uno de sus escalones.

Pero su trabajo va más allá. Su acompañamiento también es crucial a la hora de mejorar el diálogo interno que mantenemos con nosotros mismos mientras nos enfrentamos a la práctica. Y es que lo más habitual es que a lo largo del proceso de exposición aparezca la voz crítica. Esa vocecilla dura y prejuiciosa que suelta perlas como «no soy una persona atractiva», «nunca voy a ser capaz de aprender a ligar», «esa persona está fuera de mi alcance», «seguro que me rechaza si me acerco» o «jamás encontraré pareja». Material para pesadillas.

La gestión de este tipo de pensamientos es crucial para garantizar el éxito. Es por eso por lo que el trabajo del psicólogo también debe enfocarse en ayudarnos a identificar los pensamientos automáticos de la voz crítica para ser capaces de reformularlos.

Al final, construiremos una voz sana que nos proporcionará la confianza necesaria para ir enfrentándonos a cada uno de los peldaños de la escalera.

En resumen, la mejor herramienta terapéutica para superar la ansiedad y los temores asociados a la seducción es la exposición progresiva estructurada. El objetivo es que vayamos enfrentándonos a retos que no excedan nuestras capacidades, de manera que podamos ir cosechando experiencias positivas al mismo tiempo que desarrollamos nuestras habilidades sociales y reforzamos nuestro diálogo interno.

A medida que nos vamos viendo capaces de gestionar nuestras emociones y de implementar adecuadamente nuestras habilidades interpersonales con las personas que nos atraen, la ansiedad empieza a desaparecer. Y, cuando nos libramos de ella, la confianza pasa a ocupar el hueco que esta deja.

●●●

La evitación de este tipo de interacciones es un problema fundamental que puede explicar la ausencia de citas y el deterioro de la vida afectivo-sexual de una persona.

●●●

La idea es comenzar enfrentándonos a miedos pequeños y controlados para, una vez superados, ir a por otros más grandes.

Capítulo 3

EL MÉTODO
AUTHENTICITY

●●●

Ahora que conocemos todos los puntos necesarios para comprender bien el proceso de seducción y todo lo que hay a su alrededor, ha llegado el momento de hablar de la joya de la corona. Ante todos ustedes, **el Método Authenticity** (guapooooo).

Se trata de una metodología que se adapta a nosotros, en lugar de obligarnos a sacrificar nuestra identidad para acoplarnos a ella.

Y, al invitarnos a utilizar nuestra identidad como brújula en la construcción de nuestras relaciones, acaba transportándonos al lugar indicado para nosotros.

Este sistema consta de cuatro fases bien diferenciadas y estratégicamente ordenadas para optimizar el proceso, acelerando con ello la obtención de resultados, mostrando una gran versatilidad para adaptarse a distintas casuísticas y facilitando que los avances se asienten de manera permanente en la persona. Todo eso.

Vamos a ver las cuatro fases.

• FASE 1.
REESTRUCTURACIÓN COGNITIVA

Como ya hemos visto, gran parte de las dificultades que surgen en el terreno afectivo-sexual tienen que ver con la presencia de creencias erróneas acerca de la seducción y las relaciones interpersonales.

Hay que entender que cada persona ha ido configurando su propio sistema de creencias a partir de sus experiencias personales y su educación. Los traumas del pasado y los clichés de la cultura popular acaban moldeando nuestra forma de comprender el mundo y pueden ser los causantes de nuestros problemas relacionales.

Nuestras creencias, al fin y al cabo, representan el mapa que empleamos para movernos por la vida y son el origen de nuestra forma de sentir y de actuar. Un mapa inexacto o poco preciso provocará que escojamos constantemente la ruta incorrecta, que nos conducirá una y otra vez al destino erróneo.

Quizá se entienda mejor a lo que me refiero si recordamos los axiomas fundamentales de la conquista romántica o la conquista estratégica.

Conquista romántica:
- Para seducir a alguien **tienes que ser extremadamente servicial con esa persona**. Debes entregarte por completo, sacrificar hasta tu identidad y hacer todo tipo de locuras por amor.
- **Debemos ponerla en un pedestal.** Esa persona es perfecta y está hecha a nuestra medida. Merece que pasemos horas pensando en ella, admirándola y maquinando cómo vamos a seducirla. Porque solo cuando nos juntemos con nuestra media naranja lograremos ser felices y sentirnos completos.
- **No hace falta evaluar si existe compatibilidad.** El amor funciona por flechazos y, si lo has sentido, no necesitas más información para saber que se trata de la persona indicada.

- **Tienes que ser perseverante y no rendirte nunca.** Aunque no te corresponda de momento, debes insistir hasta que lo haga, subiendo progresivamente los niveles de romanticismo de tus declaraciones de amor.

Conquista estratégica:

- **La seducción es conquista**, y la conquista se logra a través de la manipulación del otro. No importa tu identidad real, sino la impostada. Puedes inventarte lo que necesites con tal de atraer a la otra persona. Hasta puedes pretender que tienes amigos saludando al vacío. Todo vale.
- **Es importante atacar la autoestima de la otra persona** de manera sutil para lograr que se sienta insegura. Tienes que lanzarle críticas encubiertas que la hagan dudar de sí misma, simular desinterés hacia ella e ignorarla de vez en cuando. Eso facilitará que sienta la necesidad de buscar tu aprobación e intente gustarte.
- **La seducción es una coreografía**, una secuencia de pasos y técnicas que debes memorizar e interpretar adecuadamente para hackear el cerebro de la otra persona y ponerla a tus pies. No se trata de ser una persona atractiva, solo de aparentarlo.

Por supuesto, al tratarse de planos cognitivos inexactos, los resultados deseados son imposibles de alcanzar. El cofre está enterrado en algún lado, pero sin el mapa adecuado jamás descubriremos dónde.

Es por eso por lo que el objetivo de esta fase tiene que ver con la identificación de las creencias erróneas que interfieren en nuestra vida y su sustitución por otras más ajustadas a la realidad.

Creencias saludables:

- **El exceso de interés nos hace parecer necesitados**, reduciendo nuestro atractivo a los ojos del otro. Pero no se trata de aprender a camuflar nuestro interés, sino de conseguir regularlo internamente.
- La incapacidad para mostrar nuestro interés y deseo por el otro **provoca que seamos incapaces de tomar la iniciativa** y bloquea el proceso de seducción. Esto hace que perdamos decenas de oportunidades.
- **Debemos aprender a evaluar con precisión el juego de equilibrios que afecta a la balanza del interés.** De esta manera, seremos cons-

cientes del instante adecuado para tomar la iniciativa y proponer un avance.

- **Las habilidades sociales son las herramientas que nos permiten desenvolvernos adecuadamente** a lo largo del proceso de seducción. Nos permiten generar interés, afianzar el marco afectivo-sexual e imprimir dirección a nuestras interacciones.

- La seducción es un **proceso de exploración que nos permite evaluar la compatibilidad con el otro.** La conquista nos coloca en una posición de necesidad, mientras que la curiosidad nos facilita descubrir a la otra persona y juzgar con sobriedad la afinidad entre ambos.

- **La compatibilidad es necesaria para que surja la atracción** (efecto de la similitud), por lo que no podemos gustarle a todo el mundo. Es necesario que nos desapeguemos de la necesidad de hacerlo.

- **La autenticidad es la mejor brújula social que tenemos.** Cuando aprendemos a relacionarnos desde ella, somos capaces de atraer a las personas que podrán valorarnos por lo que somos y alejar a las que no.

- **La autoestima es nuestra carta de presentación ante el mundo.** Ser capaces de querernos con nuestras virtudes y defectos es fundamental para generar un mejor impacto.

- **Debemos desapegarnos de la necesidad de conquistar** a la otra persona cuando interactuamos con ella, anteponiendo nuestro bienestar y diversión (marco del disfrute) por delante del resultado.

- **La mejor manera de superar la ansiedad en situaciones de seducción es enfrentándonos a ella de manera gradual.** De lo contrario, acabaremos viéndonos sobrepasados por esta y afianzaremos la idea de que la seducción es un proceso desagradable e imposible de dominar.

● FASE 2.
INTELIGENCIA EMOCIONAL

Casi todos los problemas que nos encontramos en el terreno afectivo-sexual tienen un origen emocional: el miedo al rechazo, el temor a quedarse en blanco, el sentimiento de insuficiencia, los nervios, la vergüenza, la ansiedad, la necesidad.

Si nos fijamos, las emociones tienen bastante protagonismo en el proceso de seducción, y pueden llegar a producir graves interferencias en nuestra manera de relacionarnos. Por eso es tan importante que trabajemos nuestra capacidad para gestionar nuestros conflictos emocionales.

Al aumentar nuestra inteligencia emocional, tendremos un mayor entendimiento sobre el origen de dichos conflictos y podremos empezar a darles solución. Al final, nuestra capacidad para identificar, comprender y regular nuestras emociones es la llave que nos permitirá evitar que nuestras inseguridades ganen la partida cuando nos relacionamos con alguien que nos atrae.

Déjame que te lo explique con una metáfora. Imagina que dentro de tu cabeza existe algo así como una caja de Pandora. En ella solemos encerrar todas nuestras inseguridades, preocupaciones y miedos para que no nos atormenten en el día a día. La cerramos con llave, la rodeamos con cadenas, le ponemos varios candados y, de pronto, parece que todo está bien y en orden.

¿Cuál es el problema? Pues que esa caja es una bomba de relojería que puede explotar en cualquier momento. Y ¿cuándo suele hacerlo? Pues, por ejemplo, cuando nos exponemos a un posible rechazo, cosa que sucede a menudo a lo largo del proceso de seducción. Y, claro, si tus peores temores y complejos te atacan cuando estás conociendo a alguien, desatarán todo tipo de emociones negativas dentro de ti, lo cual repercutirá negativamente en tus relaciones.

En este sentido, **la inteligencia emocional** nos invita a dejar de evitar nuestras oscuridades y nos confiere las herramientas para observarlas, entenderlas y resolverlas. Nos permite ir sacando de la caja, una a una, todas nuestras inseguridades, **facilitando así que las gestionemos y nos libremos de ellas**. Así es como dejamos de acumular residuos debajo de la alfombra y empezamos a sacar la basura fuera de casa. En el contenedor mejor que en el salón.

Para ejercitar nuestra inteligencia emocional, debemos desarrollar tres competencias: la percepción emocional, la comprensión emocional y la regulación emocional.

La percepción emocional tiene que ver con aprender a identificar la aparición de nuevas emociones. Si no soy consciente de que ha aparecido una emoción nueva, seré incapaz de gestionarla adecuadamente. Por ejemplo, supongamos que estoy comprando ropa y, de pronto, veo una persona que me atrae, pero no soy capaz de acercarme a hablar con ella. Si no identifico la aparición de este conflicto y simplemente lo ignoro, no podré atender como es debido las emociones que me ha generado.

La comprensión emocional consiste en aprender a reconocer la emoción que estoy sintiendo y los pensamientos asociados a la misma. Siguiendo con el ejemplo anterior, podría ser que el hecho de no ser capaz de acercarme a hablar con esa persona me genere cierto sentimiento de inferioridad y frustración. Una vez que he puesto nombre a las emociones que he experimentado, podré identificar más fácilmente los pensamientos. Quizá he pensado que «un hombre de verdad se atrevería a acercarse» o que «nunca voy a ser capaz de tomar la iniciativa con las personas que me gustan».

La regulación emocional permite identificar la presencia de la voz crítica y sustituirla por la voz sana. Por ejemplo, podemos observar que los pensamientos que acabamos de identificar se encuentran distorsionados por la voz crítica y cometen varios errores de interpretación, como el «sesgo confirmatorio» o la «futurología». Ahora podemos tratar de encontrar alternativas de pensamiento más saludables, como que «el miedo al rechazo es algo muy común y que afecta a todo el mundo, eso no me hace menos hombre» o que «la mejor manera de perderle el miedo a interactuar con las personas que me atraen es creando una escalera de retos progresivos; no tiene sentido iniciar la casa por el tejado».

Al final, el objetivo es que aprendamos a escuchar, atender y gestionar nuestros estados emocionales, de manera que vayamos atacando individualmente cada una de nuestras inseguridades y miedos. Solo así conseguiremos que las emociones dejen de ser nuestras enemigas y comiencen a actuar como nuestras principales aliadas a la hora de ligar. Queremos sustituir el miedo por confianza, la vergüenza por valentía, la ansiedad por diversión, la necesidad por serenidad y los nervios por calma.

En mi experiencia profesional, he podido comprobar una y otra vez que la inteligencia emocional es, claramente, la competencia más importante que una persona puede desarrollar en su vida. Y los beneficios no se limitan a la esfera afectivo-sexual, ni muchísimo menos.

La inteligencia emocional es una competencia transversal que empapa todas las áreas de nuestro día a día y mejora

visiblemente nuestra relación con nosotros mismos y con los demás.

● FASE 3.
FORTALECIMIENTO DE LA AUTOESTIMA

Por supuesto, el trabajo en autoestima no podía faltar en el plan de la metodología.

Y es que, cuando ni siquiera tú sabes qué es lo que puedes aportar, ya no te acercas a ofrecer, sino a mendigar. Cuando eres consciente de lo que te atrae de la otra persona, pero desconoces lo que puedes ofrecerle tú a ella, tu actitud será la de alguien que pide sin ofrecer nada a cambio. Te aproximarás a la otra persona con el afán de convencerla o engañarla para lograr que se fije en ti, pero ni siquiera tú tendrás claro por qué debería hacerlo.

Imagina que debes vender un bolígrafo por diez euros. El problema es que desconoces sus características y, por tanto, su valor. Sabes lo que valen diez euros, pero no tienes ni idea de por qué alguien querría tu bolígrafo. Al fin y al cabo, ¿qué diferencia a este bolígrafo de todos los demás? Al ignorar sus cualidades, sientes que estás engañando a la gente, y que estás pidiendo más de lo que ofreces. Por tanto, tu estrategia para venderlo será alguna de las siguientes:

- La compensación: como considero que el bolígrafo no vale diez euros, te incluiré un cuaderno y dos botes de tinta por el mismo precio.
- La insistencia: como tengo la creencia de que los diez euros valen más que el bolígrafo, adoptaré una estrategia de desgaste a ver si consigo que acabes dando tu brazo a torcer y me lo compres.
- El engaño: como doy por hecho que no vas a querer comprarme el bolígrafo, te voy a mentir sobre sus características y te haré creer que es de oro macizo de 24 quilates.

Algo muy similar ocurre cuando intentamos ligar con alguien y desconocemos nuestros atractivos personales. Irremediablemente, acabaremos optando por alguna de estas estrategias:

- La compensación: seré extremadamente servicial con la otra persona, invitándola a todo, diciéndole a todo que sí y evitando entrar en conflicto a toda costa; quizá con estos extras acabará aceptando estar conmigo.

- La insistencia: voy a llamarle, escribirle y proponerle citas continuamente a ver si consigo pillarle con la guardia baja en algún momento y me permita avanzar.
- El engaño: voy a mentirle, manipularle y pretender ser alguien que no soy para ver si consigo que así se fije en mí.

Evidentemente, todas estas estrategias dejan mucho que desear. Son extremadamente ineficaces y provocan daños colaterales bastante graves. La compensación te convierte en el perrito faldero de la otra persona, facilitando que se aprovechen de ti y te utilicen. La insistencia provocará que te perciban como una persona desesperada, necesitada y agobiante, con lo que es fácil que acaben aborreciendo estar cerca de ti. Y el engaño puede funcionarte durante un tiempo, pero es imposible mantenerlo a medio y largo plazo, lo que llevará a sentimientos de resentimiento, desconfianza y asco hacia tu persona.

Sin embargo, si yo supiera que mi bolígrafo vale diez euros porque los materiales son de alta calidad, la artesanía es excelente y el trazo impecable, todo cambia. Ya no estoy desesperado por venderlo. No voy a rebajarme a dar la lata o a engañar a nadie. No todo el mundo estará interesado en un bolígrafo de estas características, está claro, pero estoy seguro de lo que vale y no me cabe duda de que habrá muchas personas interesadas en adquirirlo.

Lo mismo ocurre con la autoestima. Cuando soy conocedor de mis cualidades personales, no dudo de mi valor. Y no pasa nada si no le gusto a alguien, porque eso no afecta a mi valía ni anula mis fortalezas. Habrá gente que sabrá apreciarlo y otra que no. ¿Dónde está el drama?

Por eso, ser conscientes de nuestro atractivo será determinante a la hora de generar atracción en otras personas. El autoconocimiento y la autoaceptación son fundamentales para arrojar luz sobre nuestras cualidades y son la clave para transformar el lugar desde el que nos aproximamos a la persona que nos atrae.

Cuando nos gustamos y somos conscientes de nuestras cualidades, todo cambia. Y no, ya sabes que no te hace falta alcanzar la perfección para quererte. La autoestima no va de eso, ya lo hemos visto.

La autoestima se alcanza cuando nos reconciliamos con nuestras imperfecciones, limitaciones y carencias, al mismo tiempo que identificamos y ponemos en valor nuestras fortalezas, virtudes y cualidades.

Para lograrlo, debemos dedicar tiempo a profundizar en nosotros.

En primer lugar, debemos reconocer nuestras limitaciones para tratar de reconceptualizarlas. Lo que suele suceder con los defectos es que **tendemos a darles más importancia de la que tienen**. Cuando vemos estas mismas carencias en otras personas apenas reparamos en ellas, pero, si estas nos afectan a nosotros, su importancia se eleva al cuadrado. Cultivar la compasión y la comprensión hacia uno mismo es vital para reconciliarnos con nuestra condición de seres humanos. Debemos darnos permiso para ser imperfectos. Esto no equivale a adoptar una actitud derrotista y abandonarnos por completo. En absoluto. Podemos y debemos seguir trabajando para mejorar y desarrollarnos, pero desde la autoaceptación y el sentimiento de suficiencia. No con el látigo, sino con la zanahoria.

En segundo lugar, **debemos identificar nuestras fortalezas y atractivos personales**. Normalmente nuestra atención suele dirigirse hacia lo que falla, pero rara vez prestamos atención a lo que funciona. Ser capaces de reconocer nuestras virtudes y ponerlas en valor es vital para el desarrollo de una autoestima sana.

Un ejercicio que recomiendo a mis pacientes para lograr este objetivo consiste en pedir a quince personas de su entorno que les digan tres cosas que valoran de ellos. Es increíble, pero lo cierto es que normalmente no somos en absoluto conscientes del impacto que generamos en los demás. Al hacer este ejercicio, obtendremos una información valiosísima sobre la manera en la que nos perciben los demás y seremos capaces de observar cuáles son las cualidades que más se repiten. Este experimento nos demostrará que personas de distintos entornos (familia, trabajo, amigos, etc.) tienen una percepción muy similar de nuestra persona y de lo que aportamos a sus vidas.

● FASE 4. ENTRENAMIENTO EN HABILIDADES SOCIALES

Y llegamos a la última fase. Antes de entrar a explicar en qué consiste, quiero que te fijes en que, hasta ahora, solo nos hemos centrado en el desarrollo de habilidades intrapersonales: la reestructuración de creencias limitantes, el desarrollo de la inteligencia emocional y el fortalecimiento de la autoestima.

Y no es casualidad. Cuando la gente acude a mí en busca de ayuda para mejorar su vida afectivo-sexual y aprender sobre seducción, la mayoría espera recibir un listado de técnicas y herramientas que les permitan relacionarse efectivamente con los demás desde ya.

Y no los culpo. En la sociedad de la inmediatez, no hay tiempo para las soluciones profundas, solo para los parches. Si no duermo, dame somníferos. Si estoy triste, antidepresivos. Si tengo ansiedad, ansiolíticos. Y, si no ligo, enséñame técnicas de seducción.

Nos centramos en resolver los síntomas, impidiendo que identifiquemos y ataquemos el problema de fondo. Y, evidentemente, esto solo provoca que los problemas se cronifiquen y se enquisten.

El Método Authenticity pretende ofrecer una solución definitiva y duradera. Y lo cierto es que la manera óptima de mejorar nuestras relaciones con los demás es mejorar primero nuestra relación con nosotros mismos.

Para que se entienda mejor, déjame explicártelo con una metáfora. Supón que contratas los servicios de un entrenador de tenis para mejorar tu rendimiento. Sin embargo, en la primera clase el entrenador observa que tienes una lesión de muñeca y la capacidad pulmonar de un grillo adicto a la sisha. Él sabe que jamás podrás presentar batalla en la pista si no resuelves estos problemas, de modo que empezará centrando sus esfuerzos en rehabilitar tu condición física, recuperar la movilidad de tu muñeca y mejorar tu resistencia. Será entonces cuando podáis comenzar con la parte técnica, entrenando el *drive*, el saque, el revés, etc.

En la seducción ocurre igual. Primero hemos de optimizar nuestra condición psicológica: fortalecer la autoestima, mejorar el diálogo interno, desarrollar la inteligencia emocional y configurar un sistema de creencias funcional. Una vez logrado todo esto, podremos dirigir nuestros esfuerzos a la parte técnica y aprender las habilidades sociales necesarias para desenvolvernos con soltura en el proceso de seducción.

Si lo hacemos al revés y comenzamos trabajando las habilidades sociales sin tener bien afianzado el juego interno, lo más habitual es que las inseguridades, miedos y complejos se transformen en un lastre que impida que lleguen los resultados. No tiene sentido hacerlo así. En este caso, el orden de los factores sí altera el producto.

Una vez que hemos fortalecido nuestras competencias intrapersonales, estamos «en forma» y listos para entrenar las destrezas interpersonales. Aquí comenzaremos con el entrenamiento en habilidades sociales aplicadas a la seducción.

Este entrenamiento consta de tres pasos:

1. CONCEPTUALIZACIÓN

Antes de nada, queremos diseñar una escalera de retos a medida. Para ello, tendremos en cuenta las habilidades problemáticas y las variables psicológicas (y estilo de vida).

Empezamos identificando nuestras habilidades problemáticas para hacernos una idea de cuáles son los puntos débiles que queremos mejorar. ¿Te quedas en blanco y no sabes de qué hablar? ¿Te cuesta generar tensión sexual y acabas en una relación de amistad? ¿Te paralizas cuando piensas en acercarte a hablar con una persona que te gusta? ¿Te resulta complicado tomar la iniciativa? ¿Percibes que tu conversación es aburrida y poco estimulante? ¿Sientes que siempre eres tú quien persigue en tus relaciones?

También tendremos en cuenta nuestras variables psicológicas y estilo de vida para elaborar una escalera de retos que se adecúe a nuestras necesidades. El objetivo es identificar el entorno óptimo para implementar la práctica progresiva; un entorno que nos resulte cómodo y en el cual podamos encontrar personas compatibles.

Una vez seleccionado un entorno que se adecúe a nosotros e identificadas las habilidades sociales que queremos trabajar, podremos confeccionar una escalera de retos a nuestra medida. El objetivo es empezar con un reto que entrañe un ligero desafío para nosotros pero que esté dentro de nuestras capacidades y no nos genere demasiada ansiedad. A medida que vayamos perdiendo el miedo e incrementando nuestra competencia social, iremos avanzando por los peldaños de la escalera. Paso a paso.

2. COMPRENSIÓN DE LA HABILIDAD SOCIAL SELECCIONADA

Para poder empezar con la práctica, antes de nada debemos comprender cómo se ejecuta correctamente la habilidad que queremos trabajar.

El objetivo es que entendamos a la perfección cómo se implementa la habilidad en cuestión para ser capaces de darle nuestro toque personal y aprender a adaptarla al entorno de práctica seleccionado.

En este libro ya hemos hablado largo y tendido sobre las distintas habilidades sociales implicadas en la seducción y cómo ejecutarlas adecuadamente, con lo que ya cuentas con una guía de referencia para orientar tu proceso de aprendizaje y práctica.

3. EXPOSICIÓN PROGRESIVA ESTRUCTURADA

Una vez que hemos comprendido cómo implementar la habilidad objetivo, hay que trasladarla a la vida real. A partir de aquí, iremos acometiendo de manera progresiva los retos que componen nuestra escalera de exposición.

La idea es comenzar con un ejercicio que no nos genere demasiada ansiedad pero que suponga un reto para nosotros (¿te acuerdas de la cucaracha?). Poco a poco, a medida que incrementamos nuestra competencia social y nuestros niveles de ansiedad decrecen, podremos subir los peldaños de nuestra escalera.

La inteligencia emocional será clave a lo largo de este proceso, dado que nos permitirá reconocer las voces críticas que aparecen en nuestra mente durante la práctica y nos facilitará encontrar las voces sanas necesarias para superar los bloqueos e inseguridades que interfieran en nuestro proceso de aprendizaje.

Vamos a ver un ejemplo real de entrenamiento en habilidades sociales aplicadas a la seducción para comprender mejor cómo implementarlo.

Juan vino a trabajar conmigo con el objetivo de perderle el miedo a iniciar conversaciones con las personas que le resultaban atractivas. En general, no se le daba mal ligar, pero siempre había tenido problemas a la hora de romper el hielo. Quería ser capaz de iniciar conversaciones en situaciones de la vida cotidiana. Como Juan es muy aficionado a dar paseos por el centro, decidimos entrenar su habilidad para iniciar conversaciones en este contexto en particular.

Juntos creamos una escalera de retos adaptada a sus necesidades. A continuación, te describo cada uno de sus peldaños.

1. **Preguntar por una dirección a una persona que estuviera quieta** (sentada, esperando el autobús, etc.).

El paso 1 está pensado para hacerle romper con la creencia de que la gente desconocida será desagradable con él. Al acercarse a preguntar por una dirección, se dio cuenta de que la mayoría de la gente tiene una inclinación natural a prestar ayuda y ser agradable con los demás.

2. **Preguntar por una dirección a una persona que estuviera quieta y le resultara atractiva.**

En este paso queremos hacerle ver que las personas que él considera atractivas tienen la misma disposición a ayudar que el resto y no son más desagradables por el hecho de ser atractivas.

3. **Parar a una persona que estuviera caminando y le resultara atractiva para preguntar por una dirección.**

El objetivo del paso 3 era conseguir que se sintiera cómodo deteniendo a una persona que está andando por la calle, cuidando aspectos como la mirada, la postura, los gestos o el volumen de su voz. La idea era hacerlo de una manera poco invasiva (permitiendo que la otra persona siga caminando si no quiere pararse) pero contundente, con seguridad y aplomo.

4. **Parar a una persona que estuviera caminando y le resultara atractiva para preguntar por una dirección y hacer un cumplido al despedirse** («muchas gracias por las indicaciones. Por cierto, me gusta mucho cómo te queda ese sombrero»).

En este caso lo que queríamos conseguir era que se diera cuenta de que la gente tiende a mostrar agradecimiento ante un cumplido respetuoso. Al comprobar que la gente suele responder con una sonrisa genuina y un «gracias», conseguimos que le perdiera el miedo a emitir cumplidos.

5. **Parar a una persona que estuviera caminando y le resultara atractiva para hacerle un cumplido** («Disculpa. Mira, me parece que tienes mucho estilo vistiendo y me ha apetecido decírtelo. Ese abrigo te queda genial») y, tras recibir una respuesta, despedirse («Solo era eso. Que tengas un buen día»).

El quinto paso permitió que Juan fuera capaz de iniciar una conversación con una persona desconocida sin la necesidad de pedir ayuda para encontrar una dirección. Ya no necesitaría excusas para acercarse a hablar con alguien. Además, se dio cuenta de que un número considerable de personas a las que hizo el cumplido le dijeron cosas como «muchísimas gracias, me has alegrado el día» o «te agradezco un montón que me lo hayas dicho». De hecho, muchas de ellas parecían querer prolongar la interacción tras el cumplido de Juan. Pero eso lo dejamos para el siguiente paso.

6. **Parar a una persona que estuviera caminando y le resultara atractiva e iniciar una conversación con un abridor directo** (con la estructura «atención-honestidad-facilitador») para proseguir después con la conversación.

Por último, conseguimos que Juan fuera capaz de iniciar una conversación de una manera directa y con confianza, mostrando curiosidad e interés por conocer mejor a la otra persona y prolongando la conversación cuando esta se mostrara receptiva.

Juan rompió así con la creencia de que solamente se puede ligar bajo los efectos del alcohol o a través del móvil, y se dio cuenta de que este tipo de acercamientos generaban un impacto muy positivo en las personas que lo recibían, al ser algo excepcional y diferente. Hoy en día, Juan ya no tiene que salir de fiesta (algo que nunca le gustó realmente) ni meterse en aplicaciones de citas (que durante tanto tiempo le habían provocado una enorme frustración) para ligar.

El entrenamiento en habilidades sociales aplicadas a la seducción logró que Juan fuera adquiriendo soltura y confianza a la hora de relacionarse con las personas que le resultaban atractivas, lo que a su vez le dio libertad para ligar de una manera más alineada con su rutina, sus valores y su identidad.

Como ves, cada una de las cuatro fases del Método Authenticity han sido cuidadosamente seleccionadas y ordenadas para eliminar todos y cada uno de los bloqueos que pudieran estar impidiendo que nuestras relaciones afectivo-sexuales se desarrollen adecuadamente. Todo ello, además, garantizando nuestra comodidad a lo largo del proceso y permitiendo que encontremos nuestro propio estilo de seducción. **Uno que respete nuestra identidad y nos permita operar desde la autenticidad.**

Cabe destacar que habrá ocasiones en las que será muy recomendable la asistencia de un profesional para completar la metodología satisfactoriamente. Contar con la ayuda de un psicólogo especializado en atracción interpersonal puede ser necesario en aquellos casos en los que la autoestima, la inteligencia emocional, las habilidades sociales o la ansiedad condicionada sean especialmente problemáticas. Como ya he mencionado más de una vez, este libro te puede ayudar mucho a la hora de mejorar tus relaciones afectivo-sexuales, pero no pretende reemplazar la asistencia psicológica profesional en aquellos casos en los que esta sea recomendable.

En atracción interpersonal nos dedicamos desde hace años a ayudar a personas como tú a tomar las riendas de sus relaciones para alcanzar la «tranquilidad afectivo-sexual» (ahora te explico lo que significa, dame un segundo). Te acompañamos durante todo el camino, atravesando juntos las cuatro fases del Método Authenticity, para devolverte el control de tus relaciones.

Así que, si consideras que te vendría bien un empujoncito extra, no dudes en contactar con nosotros. Estamos aquí para echarte la mano que necesitas.

●●●

El Método Authenticity pretende ofrecer una solución definitiva y duradera. Y lo cierto es que la manera óptima de mejorar nuestras relaciones con los demás es mejorar primero nuestra relación con nosotros mismos.

●●●

La autoestima se alcanza cuando nos reconciliamos con nuestras imperfecciones, limitaciones y carencias, al mismo tiempo que identificamos y ponemos en valor nuestras fortalezas, virtudes y cualidades.

● LA TRANQUILIDAD AFECTIVO-SEXUAL

Llegados a este punto, toca despedirse.

Espero de veras que este libro te ayude a tomar las riendas de tu vida afectivo-sexual y te permita construir las relaciones que deseas. Concretamente, me gustaría que alcanzaras lo que se conoce como «**tranquilidad afectivo-sexual**».

Este concepto se refiere a esa sensación de plenitud, serenidad y satisfacción que se alcanza cuando una persona se siente realmente atractiva y pasa a tener la esfera afectivo-sexual bajo control.

Es algo parecido a lo que se siente cuando logras consolidarte profesionalmente y te das cuenta de que nunca vas a experimentar ningún tipo de precariedad laboral. Al principio, cuando iniciamos nuestra trayectoria profesional y todavía somos novatos en lo que hacemos, es habitual que sintamos cierta incertidumbre e inestabilidad. «¿Serviré para este trabajo?», «¿llegaré algún día a ser competente?», «¿lograré alcanzar unas buenas condiciones y una estabilidad económica?».

Con el paso de los años, sin embargo, es habitual que estas dudas se vayan disipando al comprobar que cada vez somos mejores en lo que hacemos, que paulatinamente podemos optar a unas mejores condiciones laborales y que, de hecho, nos acabamos afianzando como referentes en nuestro sector. Y esto nos confiere una tranquilidad inmensa.

Sabes que, si por alguna circunstancia perdieras tu trabajo, no tendrías mayor problema en encontrar otro con las mismas condiciones o incluso mejores. Eres consciente del valor que aportas como profesional y no aceptarás menos de lo que te mereces. ¿Te imaginas lograr algo así también en la esfera afectivo-sexual?

Pues la tranquilidad afectivo-sexual va precisamente de eso. Cuando sientes que eres una persona atractiva y sabes que eres competente a la hora de seducir, tus inseguridades se despejan.

Dejas de intentar validarte a través de tus ligues porque sabes bien lo que vales. El miedo al rechazo deja de paralizarte y te conviertes en una persona que disfruta tomando la iniciativa. Ya no temes hacer el ridículo, el ridículo te teme a ti.

Por supuesto, tu vida afectivo-sexual se desliga del destino o del azar, con lo que dejas de ser un mero espectador y adquieres un papel protagónico en tus relaciones. La soltería se convierte en una opción que puedes elegir si lo deseas en lugar de venirte impuesta externamente. No dependes de que alguien se fije en ti, **ahora eres tú quien elige**.

Y, por si te lo estabas preguntando, esto también transforma tus relaciones de pareja. De pronto te conviertes en una persona más selectiva, que se conoce a sí misma y sabe el tipo de pareja que le gusta, le conviene y se merece. Eres capaz de poner límites en tus relaciones y de comunicar asertivamente tus necesidades, opiniones y emociones sin que el temor al abandono te paralice. Dejas de ver al resto de las personas como amenazas a tu relación y te vuelves una persona menos celosa e insegura, capaz de confiar en su pareja.

En resumidas cuentas, podríamos decir que la tranquilidad afectivo-sexual es el objetivo último del Método Authenticity y, por supuesto, de este libro. Confío en que te sirva de guía y de inspiración para ponerte manos a la obra y transformar tus relaciones para siempre; y que marque un punto de inflexión importante en tu vida.

Recuerda siempre que lo mejor de ti es tu **AUTENTICIDAD**. Así, con mayúsculas.

Nos vemos.

●●● REFERENCIAS BIBLIOGRÁFICAS

Arkowitz, H., Hinton, R., Perl, J., y Himadi, W. (1978). «Treatment strategies for dating anxiety in college men based on real-life practice», *Counseling Psychologist*, 7, 41-46.

Aronson, E., y Worchel, P. (1966). «Similarity versus Liking as Determinants of interpersonal attractiveness», *Psychonomic Science*, 5, 157-158.

Atkinson, D. R., Brady, S., y Casas, J. M. (1981). «Sexual preference similarity, attitude similarity, and perceived counselor credibility and attractiveness», *Journal of Counseling Psychology*, 28, 504-509.

Barlow, D. H. (1986). «Causes of sexual dysfunction: The role of anxiety and cognitive interference», *Journal of Consulting and Clinical Psychology*, 54, 140-148.

Barlow, D. H., Abel, G. G., Blanchard, E. B., Bristow, A. R., y Young, L. D. (1977). «A heterosocial skills behavior checklist for males», *Behavior Therapy*, 2, 229-239.

Borkovec, T. D., Stone, N. M., O'Brien, G. T., y Kaloupek, D. G. (1974). «Evaluation of a clinically relevant target behavior for analog outcome research», *Behavior Therapy*, 5, 503-513.

Bruch, M. A., Heimberg, R. G., Berger, P., y Collins, T. M. (1989). «Social phobia and perceptions of early parental and personal characteristics», *Anxiety Research*, 2, 57-65.

Buss D. M. (1994). *The evolution of desire. Strategies of human mating*. Nueva York: Basic Books.

Byrne, D. (1997). «Why would anyone conduct research on sexual behavior?». En: G. G. Brannigan, E. R. Allgeier, y A. R. Allgeier (eds.), *The sex scientists* (pp. 15-30). Nueva York: Addison Wesley Longman.

Caballo, V. E. (2005). *Manual de evaluación y entrenamiento de las habilidades sociales* (6.ª ed.). Madrid: Siglo XXI Editores.

Caballo, V. E., y Irurtia, M. J. (2004). «Treinamento em habilidades sociais». En: Paulo Knapp (coord.), *Terapia Cognitiva comportamental na prática psiquiátrica*. Brasil: ARTMED.

Cameron, J. J., Stinson, D. A., Gaetz, R., y Balchen, S. (2010). «Acceptance is in the eye of the beholder: Self-esteem and motivated perceptions of acceptance from the opposite sex», *Journal of Personality and Social Psychology*, 99, 513-529.

Carver, K., Joyner, K., y Udry, J. R. (2003). «National estimates of adolescent romantic relationships». En: W. Furman, B. B. Brown, y C. Feiring (eds.), *The development of romantic relationships in adolescence* (pp. 291-329). Cambridge: Cambridge University Press.

Cavallo, J. V., Fitzsimons, G. M., y Holmes, J. G. (2009). «Taking chances in the fact of threat: Romantic risk regulation and approach motivation», *Personality and Social Psychology Bulletin*, 35(6), 737-751.

Chorney, D. B., y Morris, T. L. (2006). «Predictors of dating anxiety in young adults: Relation between social anxiety, depression, and gender». Manuscrito no publicado.

— (2008). «The changing face of dating anxiety: Issues in assessment with special populations», *Clinical Psychology and Scientific Practice*, 15, 224-238.

Collins, A. W. (2003). «More than myth: The developmental significance of romantic relationships during adolescence», *Journal of Research on Adolescence*, 13, 1-24.

Collins, W. A., y Sroufe, L. A. (1999). «Capacity for intimate relationships: A developmental construction». En: W. Furman, C. Feiring y B. B. Brown (eds.), *Contemporary perspectives on adolescent romantic relationships* (pp. 125-147). Nueva York: Cambridge University Press.

Curran, J. P., y Gilbert F. S. (1975). «A test of the relative effectiveness of a systematic desensitization program and an interpersonal skills training program with dating anxiety», *Journal of Counseling Psychology*, 23, 190-196.

Darling, N., Dowdy, B. B., Van Horn, M., y Caldwell, L. L. (1999). «Mixed-sex settings and the perception of competence», *J. Youth Adolesc.* 28, 461-480.

Davies, P. T., y Windle, M. (2000). «Middle adolescents' dating pathways and psychosocial adjustment», *Merrill-Palmer Quarterly*, 46, 90-118.

Dodge, C. S., Heimberg, R. G., Nyman, D., y O'Brien, G. T. (1987). «Daily heterosocial interactions of high and low socially anxious college students: A diary study», *Behavior Therapy*, 18, 90-96.

Dow, M. G., Biglan, A., y Glaser, S. R. (1985). «Multimethod assessment of socially anxious and socially nonanxious women», *Behavioral Assessment*, 7, 273-282.

Elliot, S. N., y Gresham, F. M. (1991). *Social skills intervention guide.* Austin: Pred.

Ellis, A. (1958). «Rational psychotherapy», *Journal of General Psychology,* 59, 35-49.

Feiring, C. (1996). «Concept of romance in 15-year-old adolescents», *Journal of Research on Adolescence,* 6, 181-200.

Ford, C. S., y Beach, F.A. (1951). *Patterns of Sexual Behavior.* Nueva York: Harper y Row.

Furman, W., y Shaffer, L. (2003).« The role of romantic relationships in adolescent development». En: P. Florsheim (ed.), *Adolescent romantic relations and sexual behavior: Theory, research, and practical implications* (pp. 23-56). Nueva Jersey: Lawrence Erlbaum.

Galassi, J. P., y Galassi, M. D. (1979). «Modification of heterosocial skills deficits». En: A. S. Bellack y M. Herson (eds.), *Research and practice in social skills training* (pp. 131-187). Nueva York: Plenum.

Gambrill, E. D., y Richey, C. A. (1985). *Taking care of your social life.* Belmont: Wadsworth.

Garner, A. (1981). *Conversationally speaking: Tested New Ways to Increase Your Personal and Social Effectiveness.* Nueva York: McGraw-Hill.

Gil, F. (1981). *Eficacia de los distintos métodos en el tratamiento de la habilidad social de hablar en público* (tesis doctoral, Universidad Complutense de Madrid).

Gil, F., y García Saiz, M. (1993). «Entrenamiento en habilidades sociales». En: F. J. Labrador, J. A. Cruzado y M. Muñoz (eds.), *Manual de técnicas de modificación de conducta* (pp. 796-827). Madrid: Pirámide.

Gismero, E. (2000). *EHS Escala de Habilidades Sociales.* Manual. Madrid: TEA (Publicaciones de psicología aplicada).

Glasgow, R. E., y Arkowitz, H. (1975).« The behavioral assessment of male and female social competence in dyadic heterosexual interactions». *Behavior Therapy,* 6, 488-498.

Glickman, A. R., y La Greca, A. M. (2004). «The Dating Anxiety Scale for Adolescents: Scale Development and Associations With Adolescent Functioning», *Journal of Clinical Child and Adolescent Psychology,* 33, 566-578.

Goldsmith, J. D., y McFall, R. M. (1975). «Development and evaluation of an interpersonal skill training program for psychiatric inpatients», *Journal of Abnormal Psychology,* 1975, 84, 51-58.

Goranson, R. E., y Berkowitz, L. (1966). «Reciprocity and responsibility reactions to prior help». *Journal of Personality and Social Psychology,* 3, 227-232.

Grammer, K. (1989). «Human courtship: Biological bases and cognitive processing». En: A. Rasa, C. Vogel y E. Voland (eds.), *The sociobiology of sexual and reproductive strategies* (pp. 147-169). Londres: Chapman and Hall.

Greenwald, D. P. (1978). «Self-report assessment in high- and low-dating college women». *Behavior Therapy*, 9, 297-299.

Grover, R. L., y Nangle, D. W. (2003). «Adolescent perceptions of problematic heterosocial situations: A focus group study». *Journal of Youth and Adolescence*, 32, 129-139.

Grover, R. L., Nangle, D. W., Serwik, A., y Zeff, K. R. (2007). «Girlfriend, boyfriend, girlfriend, boyfriend: Broadening the definition of heterosocial competence», *Journal of Clinical Child and Adolescent Psychology*, 36, 491-502.

Grover, R. L., Nangle, D. W., Serwik, A. K., Fales, J., y Prenoveau, J. M. (2013). «The measure of heterosocial competence: Development and psychometric investigation», *Journal of Social and Personal Relationships*, 30, 457-481.

Hansen, D. J., Christopher, J. S., y Nangle, D. W. (1992). «Adolescent heterosocial interactions and dating». En: V. B. Van Hasselt y M. Hersen (eds.), *Handbook of social development: A life span perspective* (pp. 371-394). Nueva York: Plenum Press.

Hartup, W. W. (1992). «Friendships and their developmental significance». En: H. McGurk (ed.), *Childhood social development: Contemporary perspectives* (pp. 175-205). Hillsdale: Lawrence Erlbaum.

Heimberg, R. G., y Barlow, D. H. (1988). «Psychosocial treatments for social phobia». *Psychosomatics: Journal of Consultation Liaison Psychiatry*, 29, 27-37.

Hundert, J. (1995). *Enhacing social competence in young students*. Austin: Pro-ed.

Kanfer, F. H., y Phillips, J. S. (1970). *Learning foundations of behavior therapy*. Nueva York: Wiley.

Kelly, J. A. (1982). *Social skills training: A practical guide for interventions*. Nueva York: Springer.

— (1992) *Entrenamiento en habilidades sociales*. Bilbao: Desclée de Brouwer.

La Greca, A. M., y Harrison, H. M. (2005). «Adolescent peer relations, friendships, and romantic relationships: Do they predict social anxiety and depression?», *Journal of Clinical Child and Adolescent Psychology*, 34, 49-61.

Labrador, F. J. (2008). *Técnicas de modificación de conducta*. Madrid: Pirámide.

Lang, R. J. (1968). «Fear reduction and fear behavior: Problems in treating a construct». En: J. M. Shlien (ed.), *Research in psychotherapy, Vol. 3.* Washington, DC: American Psychological Association.

Lazarus, A. A. (1973). «On assertive behavior: A brief note». *Behavior Therapy*, 4(5), 697-699.

Lazarus, R. S., y Folkman, S. (1984). *Stress, appraisal and coping.* Nueva York: Springer.

Libert, J., y Lewinsohn, P. (1973). «The concept of social skill with special reference to the behavior of depressed persons», *Journal of Consulting and Clinical Psychology*, 40, 304-312.

Lineham, M. M. (1984). *Interpersonal effectiveness in assertive situations.* E. A. Bleechman (comp.). Nueva York: Guilford Press.

Lipton, D. N., y Nelson, R. O. (1980). «The contribution of initiation behaviors to dating frequency», *Behavior Therapy*, 11, 59-67.

Martinson, W. D., y Zerface, J. P. (1970). «Comparison of individual counseling and a social program with nondaters», *Journal of Counseling Psychology*, 17, 36-40.

McFarland, D., Jurafsky, D., y Rawlings, C. M. (2013). «Making the Connection: Social Bonding in Courtship Situations», *American Journal of Sociology*, 118, 1596-1649.

McGovern, K. B., Arkowitz, H., y Gilmore, S. K. (1975). «Evaluation of social skill training programs for college dating inhibitions», *Journal of Counseling Psychology*, 22, 505-512.

McKay, M., y Fanning, P. (1991). *Autoestima. Evaluación y mejora.* Barcelona: Martínez Roca.

Meichenbaum, D., Butler, L., y Grudson, L. (1981). «Toward a conceptual model of social competence». En: J. Wine y M. Smye (comps.), *Social competence.* Nueva York: Guilford Press.

Monjas, I. (1998). *Programa de enseñanza de habilidades de interacción social (PEHIS).* Madrid: CEPE.

Montoya, R. M., y Horton, R. S. (2014). «A two-dimensional model for the study of interpersonal attraction», *Personality and Social Psychology Review*, 18, 59-86.

Montoya, R. M., e Insko, C. A. (2008). «Toward a more complete understanding of the reciprocity of liking effect», *European Journal of Social Psychology*, 38, 477-498.